中国科协创新战略研究院智库成果系列丛书·专著系列

基于质性数据分析的社会学研究方法：理论与案例

李 政 罗 晖 著

中国科学技术出版社

·北 京·

图书在版编目（CIP）数据

基于质性数据分析的社会学研究方法：理论与案例 / 李政，罗晖著 . —— 北京：中国科学技术出版社，2022.6

（中国科协创新战略研究院智库成果系列丛书·专著系列）

ISBN 978-7-5046-9349-5

Ⅰ. ①基… Ⅱ. ①李… ②罗… Ⅲ. ①社会学—研究方法

Ⅳ. ① C91-03

中国版本图书馆 CIP 数据核字（2021）第 249218 号

策划编辑	王晓义	
责任编辑	王晓义	
装帧设计	中文天地	
责任校对	邓雪梅	
责任印制	徐　飞	

出　　版	中国科学技术出版社	
发　　行	中国科学技术出版社有限公司发行部	
地　　址	北京市海淀区中关村南大街 16 号	
邮　　编	100081	
发行电话	010-62173865	
传　　真	010-62173081	
网　　址	http://www.cspbooks.com.cn	

开　　本	710mm×1000mm　1/16	
字　　数	177 千字	
印　　张	11	
版　　次	2022 年 6 月第 1 版	
印　　次	2022 年 6 月第 1 次印刷	
印　　刷	北京虎彩文化传播有限公司	
书　　号	ISBN 978-7-5046-9349-5 / C·194	
定　　价	79.00 元	

中国科协创新战略研究院智库成果系列丛书编委会

总　　序

　　2013 年 4 月，习近平总书记首次给出建设"中国特色新型智库"的指示。2015 年 1 月，中共中央办公厅、国务院办公厅印发了《关于加强中国特色新型智库建设的意见》，成为中国智库的第一份发展纲领。党的十九大报告更加明确指出要"加强中国特色新型智库建设"，进一步为新时代我国决策咨询工作指明了方向和目标。当今世界正面临百年未有之大变局，我国正处于并将长期处于复杂、激烈和深度的国际竞争环境之中，这都对建设国家高端智库并提供高质量咨询报告，支撑党和国家科学决策提出了新的更高的要求。

　　建设高水平科技创新智库，强化对全社会提供公共战略信息产品的能力，为党和国家科学决策提供支撑，是推进国家创新治理体系和治理能力现代化的迫切需要，也是科协组织服务国家发展的重要战略任务。中共中央办公厅、国务院办公厅印发的《关于加强中国特色新型智库建设的意见》，要求中国科协在国家科技战略、规划、布局、政策等方面发挥支撑作用，努力成为创新引领、国家倚重、社会信任、国际知名的高端科技智库，明确了科协组织在中国特色新型智库建设中的战略定位和发展目标，为中国科协建设高水平科技创新智库指明了发展目标和任务。

　　科协智库相较其他智库具有自身的特点和优势。其一，科协智库能够充分依托系统的组织优势。科协组织涵盖了全国学会、地方科学技术协会、学会及基层组织，网络体系纵横交错、覆盖面广，这是科协智库建设所特有的组织优势，有利于开展全国性的、跨领域的调查、咨询、评估工作。其二，科协智库拥有广泛的专业人才优势。中国科协业务上管理210多个全国学会，涉及理科、工科、农科、医科和交叉学科的专业性学会、协会和研究会，覆盖绝大部分自然科学、工程技术领域和部分综合交叉学科及相应领域的人才，在开展相关研究时可以快速精准地调动相关专业人才参与，有效支撑决策。其三，科协智库具有独立第三方的独特优势。作为中国科技工作者的群团组织，科协不是政府行政部门，也不受政府部门的行政制约，能够充分发挥自身联系广泛、地位超脱的特点，可以动员组织全国各行业各领域广大科技工作者，紧紧围绕党和政府中心工作，深入调查研究，不受干扰地独立开展客观评估和建言献策。

中国科协创新战略研究院是中国科协专门从事综合性政策分析、调查统计及科技咨询的研究机构，是中国科协智库建设的核心载体，始终把重大战略问题、改革发展稳定中的热点问题、关系科技工作者切身利益的问题等党和国家所关注的重大问题作为选题的主要方向，重点聚焦科技人才、科技创新、科学文化等领域开展相关研究，切实推出了一系列特色鲜明、国内一流的智库成果，其中完成《国家中长期科学和技术发展规划纲要（2006—2020）》评估，开展"双创"和"全创改"政策研究，服务中国科协"科创中国"行动，有力支撑科技强国建设；实施老科学家学术成长资料采集工程，深刻剖析科学文化，研判我国学术环境发展状况，有效引导科技界形成良好生态；调查反映科技工作者状况诉求，摸清我国科技人才分布结构，探索科技人才成长规律，为促进人才发展政策的制定提供依据。

为了提升中国科协创新战略研究院智库研究的决策影响力、学术影响力、社会影响力，经学术委员会推荐，我们每年遴选一部分优秀成果出版，以期对党和国家决策及社会舆论、学术研究产生积极影响。

呈现在读者面前的这套《中国科协创新战略研究院智库成果系列丛书》，是中国科协创新战略研究院近年来充分发挥人才智力和科研网络优势形成的有影响力的系列研究成果，也是中国科协高水平科技创新智库建设推出的重要品牌之一，既包括对决策咨询的理论性构建、对典型案例的实证性分析，也包括对决策咨询的方法性探索；既包括对国际大势的研判、对国家政策布局的分析，也包括对科协系统自身的思考，涵盖创新创业、科技人才、科技社团、科学文化、调查统计多个维度，充分体现了中国科协创新战略研究院在支撑党和政府科学决策过程中的努力和成绩。

衷心希望本系列丛书能够对科协组织更好地发挥党和政府与广大科技工作者的桥梁纽带作用，真正实现为科技工作者服务、为创新驱动发展服务、为提高全民科学素质服务、为党和政府科学决策服务，有所启示。

前　言

　　本书深入浅出地阐释了质性数据分析方法（英文是 Qualitative Data Analysis，缩写为 QDA），包括该方法的基本原理到应用案例，力图在解决实际问题中，展现该方法的理论内涵、实践步骤和适用范围。

　　作为一套社会学研究方法和研究框架，质性数据分析方法来源于语言学、语用学、统计与概率论、扎根理论、文本分析等领域，它适用于舆情分析、多语言文本挖掘、文献综述、报告统计等研究和实践，也可以为政策比较、心理分析、舆情监督、内容评估、量化编码、议题破冰等工作提供既定性又定量的科学研究证据。特别是在公共政策研究领域，诸多学者孜孜以求，探寻新的理论和分析方法，就此而言，本书无疑是在为这一领域的努力而添砖加瓦。

　　本书主要面向公共政策领域的教师、学生、科研人员，也为从事文本分析、内容分析、计算机辅助分析工作的科研人员提供分词、标注、内容分类等方面的参考。希望为读者提供兼顾定性和定量的研究方法与实践案例，但不是在强调某个固定的范式或套路。社会学研究方法本身就是从实践中来到实践中去，找到对的问题，再选择对的理论和方法，在试错中反思和改造自己的研究思路、灵活使用工具方法、解决问题，而不被工具方法局限批判力、想象力、创造力，这是本书倡导的研究理念。

　　在本书的写作和出版过程中，我们得到中国科协创新战略研究院、中国科学技术出版社等单位领导、老师、同事的鼎力支持。书中的理论构建和案例遴选得到了相关学者的指导，在此，谨对支持、指导和帮助过本书写作、出版的所有朋友表示衷心的感谢！我们唯有再接再厉，继续产出新的、更高质量的科研成果，方不负方家的厚爱与指导。

回想起 6 年前，当时研究质性数据分析方法的初衷是服务中美创新对话。我指导李政（时为中国科协创新战略研究院博士后）在这方面作过一些学术上的探索，为社会学研究方法的跨界应用作了尝试。虽然中美创新对话历经数届后未能再持续，但是我们看到了这一探索的光明前景。我们相信，该方法可以成为"开路小工"，为深入开展政策比较研究提供新的思路，具有战略延展性和战术机动性，其价值可能超出预期。期望包括李政在内的有识之士继续研究，让方法工具服务初心使命，让社会学研究服务"国之大者"。

路漫漫其修远兮，吾将上下而求索。

2022 年 4 月 24 日

目　录
C O N T E N T S

第一篇

质性数据分析的基本原理

第一章
质性数据分析释义

第一节　质性数据分析的名实辨析

质性数据分析是英文 Qualitative Data Analysis 的直译，缩写为 QDA。它是一套定性与定量、内容分析与文本统计兼顾的研究方法，适用于社会学研究，核心是以归纳为主的分析方法，追求"透过现象看本质"，揭示文字的"弦外之音"，探讨语义之间的因果变化规律，辨析概念层级的相关程度，推测表象之下的动因，等等。

在断句方面，既可以 Qualitative+Data Analysis，即质性的数据分析，或叫定性的数据分析；也可以 Qualitative Data+Analysis，即对质性数据的分析。前者强调该方法的数据统计特点，是在定性基础上的数据分析；后者注重对内容的数据化、结构化，以便计算机可读取、分析。这两种断句实质是一样的，都在提醒方法使用者——分析材料时要既定性也定量，兼顾二者不偏颇，二者相辅相成，构成质—量、内容—形式矛盾统一的认识世界和改造世界的方法论。

——"质性"二字实际上同义，"质"原意为抵押，引申为基底、基本特征，《广雅》载："质，地也"[1]；《广雅》载："性，质也"[2]。"质性"二字合成一词，意指"真实特征、本来特征"，"质性"与性质、质化或定性等词在含义上相近。

——"分析"，意味着由一而二、断裂、独立，是相对"综合"而言的思维形式。一般地，基于演绎和归纳的思维和方法都是分析式的[3]，绝大部分科学研究都是分析式，而艺术创作、神学探讨和哲学思考则更多是综合式的，即由二而一、挂靠、黏附。正如质化与量化一样，分析与综合是相辅相成、不可分割的。目前，能够较好地融合分析与综合思维方法的计算理论凤毛麟角，神经网络和概念层次网络理论[4]是以机器为主的典范，质性数据分析方法则是以人为主的实例。

——"质性分析"也被称作定性分析或内容分析（content analysis）[5]，"质性或定性"强调分析的目的和结果，"内容"强调分析的对象和范围。质性分析一般指对某一概念和立场做出判断，即辨别真伪、区分异同；且判断必基于既有的经验或理论，往往具有较强的阶级属性和利益倾向性；研究的对象包括观察到的事物、采集到的声音、体验到的感受等。因为这些形形色色的现象大都可以被语言描述并记载，所以语言符号，尤其是书面符号——文字，就成为现象的最佳载体，是质性分析的主要研究对象。

——"数据"，本意为量化的凭证，是信息的片段，近代词汇，计算机学科术语，专指能够输入到计算机里并被计算机处理的符号形式，其本质是借由二进制计算机语言来表征的计算机之外的信息，这些外在信息可以通过输入设备转化而得；也可以由数据运算产生新的数据；还可由人工直接在程序中设定。设定数据的过程就是编码。

——"编码"也被称作对将要输入计算机的信息做格式化或结构化处理，是对计算机之外的信息进行复制、鉴别、分类和改变，并以计算机能够识别和处理的形式记录下来的过程。可见，编码过程与质性分析既相似又不同——质性分析是编码的前提和基础；编码的目的是借助计算机的高速、批量处理能力分析数据，为质性分析服务。

——"数据分析"一般指运用概率与统计方法、计算机程序工具来归纳数据的统计规律的过程，计算机程序一般由基于数理统计学原理的算法构成。

质性数据分析的对象，可以是文本、声音、图像等形式的信息载体，最多的还是文本。"文本"作为一种具象形式，由"字—词—句—段—篇—章—本"逐级构成。文以载道。文本承载的内容或道理，是人们对世界的认知结果（本体论）、思维方法（认识论）及人与人之间的关系（伦理学）；计量这种内容的抽象形式叫信息；信息经过人的复制、鉴别、分类和改变，凝练成结构化的信息集，即知识；知识的计量形式让差异得以显现，即价值；价值背后的动因便是资本，亦即预期或欲望。

由上可见，质性数据分析就是在理解内容的基础上进行语义统计，并在语义统计的基础上进一步理解内容。比方说，一个人在阅读一篇文字之后，概括主旨、划分段落、挑关键词，并将重要的语义内容取名为编码节点，以方便计算机从大量文本中统计编码节点，进行自动或半自动的统计分析。统计分析包括词频分析、聚类分析、相关分析等，人们可以借助这种统计结果深度认知文字内容。

从文本中发现新知，正是质性数据分析的目的。重构信息进而产出价值是重点，挖掘价值背后的动因是难点。

总之，质性数据分析方法，就是为了揭示社会现象的本质（定性）而去寻求量化凭证（定量）的过程，以及透过大量数据（定量）归纳分析潜在的本质（定性）的研究方法。定量包括归纳、求证、检验等手段；而定性是目的。质性数据分析方法是"透过表象抓实质""内容形式对立统一""量变引起质变"等矛盾论在内容分析、文本分析中的实际应用，核心是"透过表象抓实质"。

第二节　质性数据分析的缘起及现状

广义的质性数据分析植根于人类认知和改造自然的实践活动，远古的伏羲和近古的占官卜士通过钻研河洛图像、烧龟甲辨纹理、推演八卦，来联系事物之间的因果变化，通过运衍五行等筹算和分类，推测表象背后的道理、归纳万物的宗派种属；《周易》里有关"祭祀"符号的考据[6]，正是对"数象—义理"关联这一归纳思维的反映。

有的文献把西方 20 世纪初语言学、民族志学的兴起作为质性分析的开端、把 50 年代的个人计算机兴起作为数据分析的起点[5]。质性数据分析不必如此"寻根认祖"。因为，就质性数据分析这一融合质性分析和数据分析的方法而言，不能说在 20 世纪前就找不到质性分析的苗头，也不能说数据分析在计算机诞生之前就没有任何端倪。这一方法的发展也是个"蛹化蝶"的过程，虽然古今中外的名称不尽相同，但其实也都是以归纳为主的分析式思维方式。人类的定性和定量分析行为从庞大的国家机器建立起就从未断绝，自商周至秦汉到唐宋元明清，质性数据分析存在于官府大员的日常工作中：选拔考核人才、划分官职等级、统计户籍财货、出台徭役制度，税收、修渠、断案、祭祀、外交等[7]，哪一样不是定性与定量交织混合的人类劳动；孔子编撰诗三百，"一言以蔽，曰：思无邪"，这就是最典型的大量文本归纳之后的定性分析；司马迁通过采风、实地调查、研究史料等形式完成史学巨著，撰写历史的行为也是典型的定性分析，而记载的具体数据资料也可视为定量分析的雏形，例如，《史记》记载了从前 364 至前 234 年这 130 年秦国参加的 15 次大战役，以及秦军给敌人造成的伤亡数字，还特别区分了坑和斩两种战场杀敌方式、减员原因、受伤人数和死亡人数的计算等，这一系列定性、定量叙述，虽未名之为"变量、群组、主成分、相关性"等现代统计学、社会学称呼，但统计的实质昭然若揭。质性数据分析还同军事行为有不解之缘——《孙子兵法》其实就是最早介绍质性数据分析方法的书籍。该书把错综复杂的军事现象作为研究内容，将风雨、山川等自然现象同决定军队行止、虚实、死活的关键因素相结合，统筹要素、总结规律、陈列证据、推演态势，这正是质性数据分析的精神要旨。

狭义的质性数据分析诞生于数理统计学这门基础科学的逐渐成熟与推广应用。清朝中后期，中国人还停留于算术研究，欧洲的学者已诞生函数并开始定义概率现象；19 世纪末，数理统计学在欧洲学者的完善和论证下得到长足进步和广泛应用，定量方法开始扩展至社会现象研究的各个领域，质性分析之雏形便开始出现。20 世纪上半叶，一些兼有数学和人文知识的学者在从事文献学、民族志学和语言学等研究的过程中逐渐将基于观察、访谈和文献阅读的定性判断方法，与基于试验测量和数理统计的定量方法相结合，慢慢形成了一种标准的套路和稳定的社会科学研究模式；在第二次世界大战时期，军情分析和战时宣传等实际需求极大地促进了质性数据分析的成熟和发展，因运用该方法成功揭示了敌方宣传背后的真意，该方法备受美国国家总评估办公室青睐[6]。

20世纪中后期，伴随个人计算机的普及，质性数据分析方法从作战室走入研究室，渗透到社会科学的各个领域，在全球范围内广为应用、扩散与开发。80年代，该方法开始被集成为计算机辅助质性数据分析系统（Computer Assisted Qualitative Data Analysis System，CAQDAS），软件包已超过40款，比较著名的有NVivo、QDA Miner、MAXQDA、ATLAS.ti等。从文献上看，国外对质性数据分析的评述始见于20世纪90年代中期，2001年出现学术探讨[8, 9]；国内的相关研究还不过10年，自2010年起逐渐增多，主要集中在文献学、情报学、语言学和教育学等社会学研究领域[10]；截至今日，国内外专门针对质性数据分析方法的学术文献虽呈增长趋势，但总数不超过100篇[11]。国内社会学引进质性数据分析这种方法的时间很短，现有的学术文献还偏于应用案例，对方法本身原理探讨、优缺点辨析，以及如何发展等研究尚有欠缺。

参考文献

[1] 质[EB/OL].[2021-06-30]. https：//www.zdic.net/hans/ 质.

[2] 性.[EB/OL].[2021-06-30]. https：//www.zdic.net/hans/ 性.

[3] 谷振诣. 论证与分析：逻辑的应用[M]. 北京：人民出版社，2000.

[4] 黄曾阳. 论语言概念空间的总体结构：第三卷：第五册[M]. 北京：科学出版社，2015.

[5] 诺曼·K.邓津，伊冯娜·S.林肯. 原性研究手册1：方法论基础[M].风笑天，等，译. 重庆：重庆大学出版社，2003：15-30.

[6] 李钢，蓝石. 公共政策内容分析方法：理论与应用[M]. 重庆：重庆大学出版社，2007：4-6.

[7] 钱穆. 中国历代政治得失[M]. 北京：九州出版社，2016.

[8] MILES M，HUBERMAN A. Drawing valid meaning from qualitative data：toward a shared

craft ［J］. Educational Researcher，1984，13（5）：20–30.

［9］BAMPTON R，COWTON C. The E–interview ［R］. In Forum：Qualitative Social Research，2002.

［10］夏传玲. 计算机辅助的定性分析方法 ［J］. 社会学研究，2007（5）：148–163.

［11］黄晓斌，梁辰. 质性分析工具在情报学中的应用 ［J］. 图书情报知识，2014（5）：4–16.

第二章
质性数据分析的原理和依据

第一节　质性数据分析方法的学理分析

在相关文献调查中发现，深入探讨质性数据分析方法哲学原理的文章极少，这大概是考虑到形而上的学理探讨对运用该方法的作用不很显著，脱离实际案例来探讨方法的哲学原理难免味同嚼蜡。然而，如果要树立对方法本身的信念，在方法本身的研究方面取得突破和创新，真正将方法结合到本民族的现实社会应用中，就必须深入思考这一方法的哲学原理。

依照马克思主义哲学认知世界的六大范畴，质性数据分析方法可以归结为"现象—本质"范畴。强调"现象—本质"，只是说该方法在这一范畴内得到集中体现，在其他范畴中并非核心地位，并不是说没有体现：编码是把文本从具有概念内涵的内容转化为用数据表达的量化形式，体现着"形式—内容"的范畴；对编码步骤进行往复迭代，这一流程其实就是由量到质的过程，迭代次数的增加促使核心编码越来越精准，这是"质—量"范畴的体现；对研究内容的熟悉程度、编码流程的规范化程度决定了编码的信度和效度，信度和效度又制约了结果的精确度，这是"因—果"范畴的表现；通过每一步扎实的编码和每一次再编码的反馈，质性数据分析方法最终能够解释出内容的深意，能够阐释推测文本的"弦外之音"，这属于"现实—合理"的哲学范畴；由于整套方法是归纳式的，结果和结论都是不完全的、推测性的，这反映出"必然—或然"的思维规律。总之，"现象—本质"是质性数据分析的灵魂，其他5个范畴则围绕这一灵魂，在具体应用中起到辅助思维的作用，主线还是透过现象看本质。

聚焦于"现象—本质"范畴，历史上的相关哲学思想包括：中华传统哲学思想对此早有极为精辟的论断"道可道也，非恒道也"，即表达出的与想要表达的并非始终一致，现象与本质具有千丝万缕的联系，又并非总是一体。与老子朴素辩证思维东西辉映的黑格尔首次明确提出现象和本质是既联系又区别的，终结了从休谟到康德的对本质可知性的否定。黑格尔的意思，用现代语言表述就是，现象和本质，其抽象形式都是信息，人类在表达信息、接收和处理信息时，不可避免地会产生信息缺失、扭曲和再加工。人类社会正是"信息本体—传播中介—信息受体—传播中介——"这样一个不断循环的动态过程，如果有足够的动力和时空条件，信息的损失、扭曲和再加工就能被降到最低，信息就能够实现真实传递。然而，这种理想状态，除了在数学课本和科学实验里，实际上根本不存在。

出于种种动机，人们往往在信源阶段就开始扭曲信息，人脑的信息无时无刻不是被再加工的。自现象和本质的真实关系在黑格尔那里被重新确立为对立统一之后，透过现象抓本质就成了逻辑思维的一个重要任务。此外，黑格尔提出"方法不是外在的形式，而是内容的灵魂"，这意味着研究"现象—本质"这种辩证现象问题，需要一种具备辩证思维形式的研究方法，才能体现出内容的灵魂，而质性数据分析作为统一了定性的内容分析和定量的数据分析两种对立思维方式的科学方法，恰好符合辩证法的要求。

到了近代，便有以胡塞尔为代表的现象学。胡塞尔提出了玄妙的三大还原：现象的还原、本质的还原，以及先验的还原。这就把本质之上的先验提到了方法论研究中。这倒也符合质性数据分析方法：如果说"质性分析"意味着运用经验识别现象，那么"数据分析"则是透过现象挖掘本质。当然，胡塞尔提到的先验属于逻辑上的先验，并非事实经验。先验还原能否对应到质性数据分析的统计结果检验，还有待进一步研究。现代哲学中以罗素和维特根斯坦为代表的分析哲学，强调语言和逻辑。罗素认为语言不仅是构成知觉经验和外在世界相互联系的逻辑中介，也是经验逻辑和逻辑事实的中介。这就为面向文本的质性数据分析背后的思想给出了哲学表述。维特根斯坦说过"语言的使用绝不是严格统一的，只是根据人们的实践活动中所达成的习俗和要求来使用的，所以也不能以语言的表面意义去理解世界的真实意义"。这点明了质性数据分析方法的必要性和实际意义。及至杜威和皮尔士的应用哲学，对推动质性数据分析的计算机软件系统化和信度效度实证检验，起到了积极作用。

第二节　编码的原理、原则及界定

编码是质性数据分析的核心和灵魂，本质是形式化、抽象化现实世界中现象的内容，即将人类的经验非人化，用数字表征现象，以量替代质，在量的积累中归纳出质。一旦内容被编码成结构矩阵，则代数运算和统计分析便可运行。编码及其运用的数据分析的数学原理包括：归纳数据整体趋势的回归分析、推测数据间因果规律的相关分析和方差分析、突出数据局部异同的聚类分析和多维尺度分析、区别数据间主次关系的因子分析和主成分分析等，这些都是目前大部分 QDA 软件能够提供的数据分析内置程序。此外，还有一些在 QDA 中不常见而在政策分析里常要用到的统计模型，如考察运筹效率的路径分析和网络模型、追求最优策略的博弈模型、辅助决策和预测的层次分析、突变模型、马尔可夫模型等，它们之所以不常见于 QDA 软件包中，是因为它们多用于分析经济数据和竞争情报，而且已脱离文本，并超出了 QDA 的方法论框架。实际上，创新政策通常与经济政策和外交政策交织在一起，分析创新政策需要这些统计模型，这也是 QDA 软件工具需要进一步升级的方向之一。

关于编码的原则，主要是客观性（或较少主观性）和问题导向性。客观性是编码的一大原则。如果根据某种编码方法可以得到无偏见的数据，也就是说收集到的数据与数据收集者的个性特征尽量做到没有太多关联，那么，这种编码就具有应用层面的客观性。这其实还是从研究路径自身的信度和效度考虑而制定的编码原则；而另一个原则是编码要尽量符合事实现象和人们"发现问题，解决问题"的一般思维路线，可以按照事实、评价、行动、后果四个大类进行一级编码。但是，在现实的研究材料中，尤其是政策文本，为了适应特定的文本意义需要，强调或突出某一语句形式，常常会打破一般思维顺序。因此，在编码时需要注意这点，围绕所要解决的问题，抓住重点，辨析主次。

下面对质性数据分析方法中的顶层问题——编码对象的概念界定——进行剖析和探讨。概念界定是逻辑学问题，处于自然科学与社会学科的交叉领域，意义重大，这也是质性数据分析的依据问题。此处分几部分探讨概念界定：简述语义统计及其中的概念界定问题，即质性数据分析中的编码问题；从逻辑、语言和历史、数理化生，以及政经心理 10 门学科，进行概念界定可能的依据的粗浅探讨，最后做出总结。

一、概念界定在逻辑、语言和历史中的体现

本研究所言逻辑学，指的是关于人类思维规律的知识，从古希腊三段论和"演绎—归纳"逻辑到"联想—类比"和天人合一君臣父子的中华传统伦理逻辑，从辩证法逻辑到数理计算机逻辑和司法逻辑，逻辑学可谓人类文明瑰宝之瑰宝，发展到今天，可谓后有追兵前乏去路，困难重重。纵观一系列逻辑学成果，唯有辩证法逻辑，是百试不爽的一套思维规律，其内核或可简单概括为肯定—否定—否定之否定，其规范出的六大矛盾范畴，成为概念界定过程中可以参照的准绳：形式—内容、必然—或然、现实—合理、现象—本质、质变—量变，以及局部—整体。不同的学者对辩证法的逻辑范畴可能有不同的界定，但这其中包含的阴阳辩证哲思没有变。在内容千变万化的文本里，如果要对概念进行划分和界定，语义虽然是目的，但已经不能作为划分和界定的参照，需要以一种空虚、灵活的思维方式，将实在的内容世界归为虚灵的形式世界。从顶层设计上看，辩证法的范畴是比较合适的概念界定依据。

内容的载体是语言文字，语言学自然成为研究语义统计中概念界定的重要理论依据之一。针对不同的文本，可以参照不同类别的语言学，例如，对政策文本，有政策语言学；法律文本有司法语言学，还可细分，如立法语言学、庭审语言学等。在纷繁的语言学理论里，很多学者关注 3 个问题：语义、语用和语境，以这 3 个视角审视字词句段篇章，往往离不开语法、词源、谋篇等经验

知识，但走上形而上道路的语言学理论，在近代语言学中为数并不多。生成语法、功能语法[1]、概念层次网络[2]是比较成系统的理论，其中以概念层次网络为更加适合汉语特征的语言学理论。概念层次网络理论突出了概念基元和概念联想，虽然在具体规范性上还没取得广泛的认可，但在理论和应用上都已展现出非凡的价值。五元组虽然是对词性的归纳，但似乎借鉴了传统文化中五行之数、作用效用链上的 6 个范畴式的描述，也有类似于辩证法中对立统一的结构布局。而对有限和无限的论述，更是构建起了整个理论框架，这实际上与 TRIZ 理论的基本论调是不谋而合的。虽然在类似于概念层次网络理论的语言学里能够借鉴的概念界定依据并不很多，但在具体分析某类文本内容时还是可以在具体的微观层面以某个微观理论为依据，开展文本内容的概念界定。

历史学提供的视角，实际上包括民族和文化，在这样宏大的视角下分析语篇，如果没有一定的概念界定理论支撑，分析工作往往难以顺利进行。历史研究的思路不等同于时间轴或者人物列传，历史研究提供的经验大概同辩证法有着极为相似的特征，一方面总是波浪地否定之否定式前进；另一方面存在即合理，合理即存在。这些经验对研究语言文字，尤其在制定概念界定依据时，可以提供一种宏观的、开放式的、灵活的视角，不必拘泥于概念的边界，不必对形式逻辑太过尊崇，也不必对研究结果太过苛严。

二、概念界定在数理化生四门科学中的体现

数学本身就是对概念进行的界定，例如欧氏几何的五大公理，竖立起来不证自明的依据。这种纯粹的理性在内容分析时是可以借鉴的。越来越多的经验表明，追求对内容的把握，是无法应对拥有无限内容的现实世界的，对内容的把握可能需要借道形式化的纯理性抽象，通过形式来理解内容，形式在内容之间，而内容在形式之中。这在对语言文字的虚词分析上可以得到体现。数学化的文本，虽然失去的是具体内容，却在另一个空灵的世界得到了重生，只是这种重生需要以额外的知识（内容）来补全其意义，这在某种程度上看，还是一种等式和守恒。

物理上存在一套人为规范好的标准体系：国际物理单位标准体系是包括

7个物理量纲和2个计算单位的虚空系统。说它们是虚空的、单位标准，实际上，每一个量纲的确定都是真实且具体的，只不过是以一种公认的形式确定下来，成为一般等价物。如果细较每个量，都是含义丰富的概念界定方式。如果说在人文学科领域的概念界定可以参照物理领域的量纲制定，那么在语义统计中未尝不可以走形式语法学的思路去构架基于词性和语法的编码概念界定体系，不过这种体系不止一个，需要在多个系体中找到最大公约数。

化学中最能体现概念界定的自然是元素周期表。按照原子和电子微观结构周期性规律制成的概念界定方法，不仅有辩证法的螺旋上升的形式，而且有对立统一的内容。当然，如今的元素也已经能进一步细分了，这种对于本源和不能再分割的思维，还是分析式的和还原式的，试图通过微观解释宏观，用结果追溯原因。元素周期表的思路或可为文本内容的概念界定提供参考。

生物学关于基因的研究可以为文本内容的概念界定提供另一种思路：4个碱基两两结合，排列组合导致复制的千变万化和变异的随机发生，从无机界到有机界的必然与或然是如此奇妙，以至于时间和空间都在生物学中得到重构。如果把语言逐字编码，词语段落和篇章都可以数字化与排列组合化，这在概念层次网络理论中是有体现的，而且其现有结论也同生物学有着惊人的相似。当然，一般的语义统计还不必动用逐字编码这么繁复的手段。

三、概念界定在政、经、心理三门学科中的体现

政治学与很多学科都结合紧密，可谓无处不政治。在文本内容分析中，运用适合的政治理论、学说和主义来解读语义统计的结论是能够起到画龙点睛作用的。可以说，政治学里的理论是除了逻辑学和语言学最接近语义统计中概念界定依据的理论学说，政治理论也包含非常丰富的内容，但具体参照哪个理论，例如孔子的伦理学说还是契约论观点，结果会大不相同；从法律到道德再到伦理，层次不同结论也大不相同。

经济学的宝贵经验之一，就是对供需关系的把握和"成本—收益"分析，这已经与心理学可以衔接起来了，但经济学对文本分析和内容分析更多的借鉴价值还在于经济学模型和指标体系。数量众多的经济学模型和种类繁多的指标

体系，成为语义统计拿来就能用的合理参照，这已经不是空谈而是经验之谈。但正如经济学及其数学敝帚一样，模型的超越现实的特性，会对语义统计造成过分依附内容、超脱实际问题的不良影响，但作为形而下的工具，经济学理论无可厚非地成为文本内容分析的利器。

心理学里中的理论也浩渺如星辰大海，仅举人格划分理论，大致分为两大类：一是数目有限的性格类别划分，二是贴标签式的性格维度分析。这两类方法都只是对样本的描述，还没有很好地结合人类的生理基础进行更加精准的分类。但心理学给研究社会现象和人类活动提供了比较规范的实验方法，语义统计中的概念界定其实已经参考借鉴了这种实证式的研究方法。

综上所述，本部分探讨了语义统计（质性数据分析）的概念界定（编码）问题。从逻辑、语言、历史，数理化生，以及政经心理 10 门学科角度探讨了现有理论对于语义统计这一社会学研究方法的参照和借鉴意义。下一步探讨可以就某一具体学科中的某个具体理论开展结合实际操作的案例研究。

参考文献

［1］CHOMSKY N. Syntactic Structures［M］. The Hague/Paris：Mouton，1957.

［2］黄曾阳. 论语言概念空间的总体结构：第三卷：第五册［M］. 北京：科学出版社，2015.

第三章
质性数据分析的基本路径

　　质性数据分析的理论是对内容分析和文本分析的综合兼顾。内容分析理论包括扎根理论（ground theory）[1-3]、神经语言程序理论（neural linguistic programme）[4]、功能语法（functional grammar）[5]等；支持文本分析的理论包括自然语言处理（natural language processing）[6]、神经网络算法（neural network algorithm）[7, 8]、生成语法（genetic grammar）[9]、概念层次网络（hierarchical network of concept）[10]等。

　　在路径上，一般是先内容后文本，即先人工内容分析，得出编码体系，再用机器做文本分析，积累经验，修正编码，指导新一轮的内容分析，如此循环。具体地，当分析文件时，一般是基于研究者的经验，对内容里的概念点进行分类，从而对字词句段进行语义切割和重组，开展语义上的统计分析，这是内容分析。其中，对概念进行分类便是质性数据分析里常称为"编码"的东西，目的是方便计算机识别。当大批量文本需要被分析时，如果给计算机输入一套概念界定方案——编码体系，那么计算机程序就能批量处理文本，大大提高搜索准确率和计算效率，最后得出可视化结果，这是文本分析；当然，也可以先文本再内容，二者其实相辅相成，共同构成循环优化的研究路径。顺序无分先后，依照具体问题和研究条件而定[11-14]。其实，在实际研究中并无路径可寻，唯问题导向，唯信心推动。时空性决定着研究对象的范围，但本研究无意于深究该方法的时空问题，只要是能比较稳定地达到揭示现象背后本质这一目的的步骤流程就是有效路径；否则，任何单向的、一次性的路径都失去意义，与实用性不相关。

大多数常用的 CAQDAS 结构框架是扎根理论和多元统计模型，整个流程是个面向文本的、"定性—定量—再定性"的往复迭代的、考察统计数据进而不断修正分类或聚类结果的归纳过程。流程步骤一般包括以下 3 项。

一、对通篇内容的编码

开始酝酿阶段：这是对研究材料的内容进行通篇定性标注归类，疏而不漏。如果内容已经整理成文本的话对文本的每一个字、词、句、段都进行概念定义、角度分析、概念群确认、含义分类和语义标注，得出一级开放式编码体系。

二、对开放编码的编码

"二次蒸馏"阶段：这是对一级编码体系进行内部关联分析，去芜存菁。在进一步提炼内容的基础上，把一级编码体系中的各个"码"进行再分类，相似的归位为一类并赋予一个更高的概念名称，即上位概念；差异大的形成独立类群，得出轴心编码体系。

三、对轴心编码的再编码

"三次提纯"阶段：这是对二级编码体系的重新整合，精益求精。经过轴心编码，编码体系自身已经处于物以类聚的状态，此时就要将原本已经快要泾渭分明的概念群再次联系起来，用一个具有统领性的概念或概念群结束轴心编码之间将即将分崩离析的发散状态，最大限度上回归内容的统一性，即从轴心编码到核心编码，至此，通篇内容的本意和深意都可以用此核心编码统括。

路径流程还没有结束，接下来就是不断重复上述 3 个步骤，这期间有往复和中断，每一次的迭代都不是简单重复循环，而是朝着更加精炼、准确地不断推进。不必多说，三级编码路径正是质性数据分析的流程核心，贯穿全路径，并完全符合马克思主义哲学的内核：辩证法，即"肯定—否定—否定之否定"；这是一个自反馈过程，完全可以通过机器学习来实现，这也是质性数据分析方法必然与计算机科学，尤其是人工智能深度融合的根本原因和动力。

总之，研究范式是目前该领域的科学共同体都接受的语言体系（Kuhn，1980），本研究仅从上述 3 方面介绍质性数据分析的一般范式。至于该方法逻辑上的前提和假设，可以在今后的研究中进一步探讨。

参考文献

[1] GLASER B, STRAUSS A. The discovery of grounded theory: Strategies for qualitative research [M]. Chicago: Aldine Publishing Company, 1967.

[2] STRAUSS A, CORBIN J. Basics of qualitative research: Grounded theory procedures and techniques [M]. Newbury Park, Calif.: Sage Publications, 1990.

[3] MACMILLAN K, KOENIG T. The Wow Factor: Preconceptions and Expectations for Data Analysis Software in Qualitative Research [J]. Social Science Computer Review, 2004, 22 (2): 179–186.

[4] BANDLER R, GRINDER J. The structure of magic I: A book about language and therapy [M]. Palo Alto, CA: Science & Behavior Books, 1975.

[5] 韩健. 功能与研学视域下的法律文本对比分析 [M]. 上海：上海交通大学出版社，2017：38–145.

[6] BAUER M, GASKELL G. Qualitative researching with text, image and sound: A practical handbook [M]. London: SAGE, 2000.

[7] HÄKKINEN P. Neural network used to analyse multiple perspectives concerning computer-based learning environments [J]. Quality & Quantity, 2000, 34 (3): 237–258.

[8] ATTRIDE-STIRLING J. Thematic networks: An analytic tool for qualitative research [J]. Qualitative Research, 2001, 1 (3): 385–405.

[9] CHOMSKY N. Syntactic Structures [M]. The Hague/Paris: Mouton, 1957.

[10] 黄曾阳. 论语言概念空间的总体结构：第三卷：第五册 [M]. 北京：科学出版社，2015：3–50.

[11] CURRALL S C, et al. Combining qualitative and quantitative methodologies to study group processes: An illustrative study of a corporate board of directors [J]. Organizational Research Methods, 1999, 2 (1): 5–36.

［12］JACOBS T，DE MAEYER S，BECK M．Family formation and the divisions of labour in belgian couple households［J］．Quality & Quantity，1999，33（3）：291-304.

［13］GRAY J H，DENSTEN I L．Integrating quantitative and qualitative analysis using latent and manifest variables［J］．Quality & Quantity，1998，32（4）：419-431.

［14］王黎明，钟琦．面向科学传播的媒体监测方法研究［J］．科普研究，2016（4）：27-34.

第二篇

质性数据分析的应用案例

第四章
创新政策比较案例

——以"中国双创"和"创业美国"为例

第一节　中美创新政策的研究背景

近年来，在应对全球政治、经济等各类挑战的过程中，中美两国都把"创新"提到国家战略的高度。习近平总书记多次指出：创新是引领发展的第一动力[1]，是推动人类社会进步的重要力量[2]，中国政府把创新摆在国家发展全局的核心位置。与此同时，美国政府连年推出《美国国家创新战略》[3]，白宫新设立了美国创新办公室[4]以维持美国全球创新领先地位。中美两国在吸引科技人才、分配科研资金、布局国家实验室、引导创业就业、加快技术转移、实施税收优惠等方面分别推出适合本国国情的国家创新战略和配套政策，形成了彼此借鉴、互相参合的博弈态势。从某种意义上讲，大国的创新战略引领世界经济走向，创新政策的成败决定着大国兴衰。因此，研究中美两国的创新战略与政策具有十分重要的现实意义和历史价值。

一、创新政策研究的核心问题

创新政策是对一系列关于经济、政治、科技与社会如何发展的公共话语的统称[5, 6]，形式上包括政令、演讲、报告等，内容上一般可细化为科技规划、创业就业、税收优惠、投资采购、科技外交、技术转移、知识产权、科学普及等具体措施。创新政策研究的对象包括创新政策的产生、结构、效果、政策参与方之间的相互作用等。创新政策研究的研究方法一般存在定性和定量两种技术路线。定性方法一般研究创新政策的主体、创新政策内在结构、政策体系及效果评估等，对细节则局限于分析创新政策的某些方面或具体产业；定量方法运用数理统计，以大量文本为基础，侧重研究创新政策主体的部门关系、创新政策的外在关系、创新政策的分类和聚类、创新政策的横纵向比较研究等，在统计中不得不忽略具体政策内容的差异。

创新政策研究千头万绪，但主要围绕 3 个问题进行[7]：

● 阻碍创新的核心问题是什么；

● 应该以什么样的创新理论作为创新政策设计的理论基础；

● 对于达到既定的创新目标而言，什么样的创新工具最为有效。

这 3 个问题构成了"实践—理论—再实践"的逻辑框架，体现了马克思主义的理论和方法。在此问题框架下，本案例制定了中美创新政策研究的总体方法论：从格局上看，是两国之间的政策比较，可以采用国家创新体系[8-10]和全球创新生态系统[11, 12]理论作为研究的总体指导理论；具体方法上，可以运用质性数据分析（Qualitative Data Analysis，简称 QDA）[13]，对政策文件进行内容和文本分析，并以此为基础方法，尝试剖析创新政策内部结构，探讨政策外部环境；从实践上看，科技、创新和社会相互作用的整体角度可以为研究提供宏观视角，要从全球经济政治发展变化的高度，用系统思维把握中美创新政策比较这一研究主题。

二、中美创新政策研究的时代背景

当今，科技迅猛发展、创新不断涌现，科技创新给社会带来的影响不仅是多方面、多层次的，而且各方面和层次的影响相互渗透融合，这给科技、创新与社会各个领域的研究者带来新的挑战与机遇。当今，科技创新与社会总体发展趋势中，逐渐呈现出以下四大特点。

（一）全球科技创新活动及其管理方式的新挑战

当今全球范围内的科研行为和创新活动，已经不再是固定在某一处的实验室、科研大楼，新型科研活动空间、科研合作模式及其发展前景都突破了原有的空间结构，如基于互联网的科研项目及团队、开放式创新模式下的科研合作与创造力培育等。这些都为科研和创新的管理模式带来新的问题和挑战，也给学术探索和智库研究带来新的课题。比如，DIY 制造模式、创客运动、创客的跨国流动等，这些越来越依托于互联网交流科技创新思想的科技创新群体，如何界定创新管理模式和提供政策支持，才能适应他们的特征和需求；又如，对分享经济时代的开放创新管理模式和互联网科技创新过程进行跟踪研究，从科技创新主体特征和科技创新环境变化方面把握全球科技创新活动。

（二）创新话语权在公共机构与私营组织间流转

在当今美国，那些按照传统观点不能算作科技工作者的群体或社团的组织形式及特征正在发展变化，如创客、创客空间和创客运动，女性科技工作者及其群体特征等。对这些非传统、自组织、私营部门的科技发展开展深入观察，从而揭示非公共部门的科学技术活动对社会的影响，正在成为一个研究热点。美国的科技与创新话语权并不是牢牢掌握在政府部门手中，科技创新主张在公共机构和私营组织之间形成博弈。从结果上看，话语权正在从公共机构向私营组织流转，创造科学技术的社会主体正在发生加速转化与重组。一方面，非营利组织下的科研团队、私营组织的研发部门，乃至组织形式十分模糊、不规范，甚至分散的小团体，正在从事最前沿的科学研究，正在创造更多的新技术应用；另一方面，公共部门和传统科研机构，如高校、科研院所、实验室等，正在转变为营利组织，越来越多地被科研奖励、监管措施和公共政策影响。这些正在兴起的复杂变化和不确定趋势，成为当今科学社会学的研究热点和难点，构成了当今科学社会学的学术前沿。因此，如何理解这些变化并制定相应的政策措施和管理办法，便是本届国际科学社会学界参会者的核心任务。

（三）科技创新知识生产与价值创造的研究热点

从知识生产和价值系统重构的角度看，新科技及其发展给社会带来许多新的挑战和新的趋势，如大数据技术与数据科学、环境保护和新能源产业、新科技对社会资源分配和可持续发展的影响。最新的、全球顶级的"科技、创新和社会"4S-EASST 2016（科学社会学学会 The Society for Social Studies of Science，简称 4S；欧洲科学技术学会，European Association for the Study of Science and Technology，简称 EASST）学术年会 ① 也反映出对新型价值创造方式的研究趋势，大会议题有很多与大数据科学和新能源相关。

（四）基于量化方法与数据证据的创新智库决策

研究方法也随着科技、创新和社会的不断发展而不断变化，对象和方法不断互相影响，形成新的趋势。近些年，量化方法已经成为科技、创新与社会研究的不可或缺的主要方法。以数据为核心的量化方法论得到普遍应用，即便是定性研究，如案例调查、专家访谈、实地考察等，也要融合大量数据作为结论主体；对基于证据（evidence-based）的科学咨询，不仅关注量化的证据本身，而且越来越多地注重如何能让决策者容易理解并接受作为证据的数据、图形和公式，更多考虑政策建议的提出背景，以及利益攸关方之间的关系等；但在评估方法方面，研究者和决策者更强调参与式和启发式的评估过程设计，而不是静态地用数据证明某个观点。

综上所述，世界主要国家对科技创新主导地位的竞争正日趋激烈，美国、德国、英国等国注重与国家安全和民生健康有关的基础科技创新研究并投入大量经费，不断追加"领跑"资本，确保领先优势；日本、韩国、澳大利亚等国在力求科技创新与社会经济稳步发展的同时，寻求某几个关乎国家安全和自身优势的科研领域进行突破和超越，以谋求全球科技领域的话语权；金砖国家在奋力追赶发达国家的同时，计划提升各自急需的科技实力以解决各自经济社会发展中的迫切问题。在综合比较各国战略和政策的基础上，研究中美创新政策，力求在具体政策措施和政策设计等方面把握中美竞争合作的利益点，在国际大背景下分析竞合策略。

---

① 4S-EASST. 4S/EASST Barcelona 2016［EB/OL］.（2016-08-31）［2016-09-21］. https://easst.net/current-conference/.

第二节　中美创新政策体系及国内外研究综述

　　中国创新驱动发展战略下的双创政策、美国国家创新战略下的创业美国倡议，以及近年来中美创新对话等相关文件，三者构成中美近 5 年最新的、系统化的国家创新政策体系。本案例以中国创新驱动发展战略下的"大众创业、万众创新"（简称"双创"）政策[14]和美国国家创新战略下的"创业美国"倡议[15]为研究对象，抽样双创文件、创业美国、国家战略文件《国家创新驱动发展战略纲要》[16]和《美国国家创新战略》[17]，以及美国法典相关文件、第七次中美创新对话[18]相关文件（图 4.1），样本量共 86 件，详细目录请参见附表 1—附表 3。

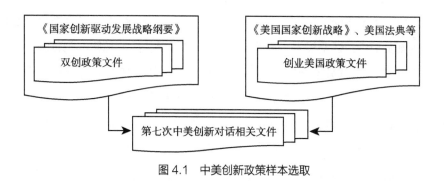

图 4.1　中美创新政策样本选取

一、主要政策文件及政策背景

（一）中国创新政策主要文件：中国双创

　　2012 年年底召开的中共十八大明确提出，"科技创新是提高社会生产力和综合国力的战略支撑，必须摆在国家发展全局的核心位置"；习近平主席多次指出：创新是引领发展的第一动力[1]；2015 年 3 月，中共中央、国务院印发《中共中央 国务院关于深化体制机制改革加快实施创新驱动发展战略的若干意见》，2016 年印发《国家创新驱动发展战略纲要》[16]；作为实施创新驱动发展战略的一项重要举措，大众创业、万众创新政策措施自 2013 年以来全面推进；中国政府密集出台了一系列支持双创政策举措，据不完全统计，2015 年国务院先后颁布了促进双创的相关政策文件近 30 件，2016 年 50 余件，双创政策体系逐步形成。双创极大地激发了中国亿万群众的智慧和创造力，消除了创新活动中的行政束缚和桎梏，弘扬了创新文化和企业家精神，汇聚起经济社会发展的强大新动能。双创政策的核心是简政放权、放管结合、优化服务，旨在通过减免小微企业税费、建立创投引导基金、推动"互联网＋"行动、实施"中国制造 2025"等政策措施[19, 20]，调动社会各群体的创业热情，培育更好的创新生态环境。

（二）美国创新政策主要文件：创业美国

美国政府对创新的重视可以追溯到美国竞争力委员会做出"创新是产生持续价值唯一因素"的判断[21]；奥巴马总统在任期间极力倡导国家创新战略，白宫科技政策办公室先后在 2009 年、2011 年和 2015 年三次推出《美国国家创新战略》，强调投资创新生态环境基础要素、推动私营部门创新、打造创新者国家，进而引导全国创新活动的开展，在创造高质量就业岗位和持续经济增长、推动国家优先领域突破、建设创新型政府等方面设计具体的创新举措；2011 年，白宫正式启动实施创业美国倡议，从降低资本进入门槛、搭建创业培训平台、减少行政阻碍、加速创新转化，以及释放市场活力五大方面，支持民众创新创业[15, 22, 23]；2014 年，美国政府设立国家创造日（National Day of Making），举办首次创客嘉年华（Maker Faire），并鼓励创客文化和创客运动[24]，这些相互推动的政策措施构成了美国的国家创新创业政策体系。特朗普政府创新政策与之前不尽相同，但创新仍然是美国的立国之策和基本战略——特朗普上任伊始就在白宫设立了一个全新机构——美国创新办公室，以维持美国作为世界创新领跑者的地位[4]。

（三）第七次中美创新对话的相关文件

中美两国创新交流可以追溯到 1979 年双方签署的《中美科技合作协定》，在该协议下，中美创新交流与磋商机制不断丰富。2007 年首届中美创新大会举行；2008 年中美创新合作组成立；2010 年双方达成共识，在中美科技合作联合委员会框架下增设"中美创新对话"机制[25]。2016 年 6 月，第七次中美创新对话在中国北京召开。中国科技部部长和美国白宫科技政策办公室（OSTP）主任主持了会议，数十位专家和两国政府部门主要负责人参加会议。探讨议题包括：两国国家创新战略、创新创业生态环境、小微企业的创新、创新使命、数据对创新的激励作用等[18]。作为双方的高级别会议，中美创新对话能够较为准确地反映中美关于创新的关切点和政策思路，以及中美创新环境的现状。同时，创新对话成果作为同期举行的第八轮中美战略与经济对话成果之一，已经由《第八轮中美战略与经济对话框架下战略对话具体成果清单》[26]公开发布。

二、中美创新政策研究的国内外现状

创新政策的研究属于国家创新系统中核心知识流研究的一种[27, 28]，研究对象一般包括创新政策的产生、结构、效果、政策参与方（利益主体）之间的相互作用等。关于创新政策研究的内容，存在一个"点—线—面—体"的尺度划分，每个尺度下的对象都各成体系：点，即字词层面，创新政策话语的形式和内容；线，指句段层面反映的相互关联的创新政策工具，体现政策措施在政策主体之间的流转；面是篇章层面，创新政策之间形成的层级和网络，体现政策的全局结构关系；体，指的是由相互关联的创新政策网络构成的国际资源调配环境，是国家创新体系和全球创新生态系统的对立与统一。大体上看，研究中美创新政策无外乎两个目的：一是加强中美在经济发展、科技创新、创业就业等方面的合作，减少非良性竞争，实现共赢；二是借他山之石，攻克我国创新中遇到的困难，学习全球头号科技创新强国的成功经验，择其适者而从之，不适者而改之。

政策研究的方法不外乎定性与定量两大类。国内对中美创新政策的研究多由政府部门、高校和科研院所进行，集中在"面"和"体"两个层级。其中，定性方法一般研究中美创新政策的主体、政策内在结构、政策体系及效果评估等[29, 30]，重视分析两国创新政策的某些政策细节或政策涉及的具体产业[31, 32]；定量方法基于数理统计原理，以大量文本为样本，侧重研究创新政策主体的府际关系、创新政策的外在环境[33, 34]，以及创新政策的分类、聚类、横纵向比较等[35, 36]，在统计中往往会忽略具体政策内容的差异[37]。从研究主体上看，研究中美创新政策的主体主要是各官方或非官方的研究机构、高校里的专家团队、一些创新智库，以及少数企业。国外研究中美创新政策的学者集中在政府机构、智库和行业协会，往往更加关注"点"和"线"两个尺度，也分为定性和定量两大类。与国内学者相比，不论是定性还是定量研究，都更侧重分析的思路和数学模型的应用。例如，对创新政策的制定建立分类比较框架[38]，从经济学角度定量考察创新和创新政策[39, 40]，通过建立假设前提来建立精确的数学建模，运用量化模型寻找评估创新政策效果的依据，从而细致地比较政策；另一些学者在研究创新创业过程中运用田野考察和专家访谈等方法探究创新者关切的问题[41, 42]。从研究主体上看，美国白宫科技政策办公室重点研究科技政策、创新奖的设立、创新创业环境建设等与创新相关的政策制定[43]；美国国家科学基金会（NSF）、总统行政办公室等部门关注科技创新经费分配、历年资金变化及国际间科研创新投入的横纵向比较研究[44]；联邦资助的研究与开发中心（FFRDC）对国家实验室的建设制定相关政策[45]；美国新一代防卫研究中心、兰德公司、麦肯锡公司等在科技成果转化、前沿科技与创新规划，以及颠覆性战略高技术等方面提供决策咨询[46, 47]。

综上所述，国内外中美创新政策研究的主要不同之处在于：国内研究偏重自上而下的创新政策网络梳理和体系构建，国外研究更强调自下而上的创新政策制定流程和效果实证分析；除了两国的政府相关部门及其下属研究机构是中美创新政策研究的主体，国内研究人员往往集中于高校，国外则多在智库或企业；国内外创新政策研究方法也有相同点：都存在定性和定量二分现象，这两种思路在技术路线上的统合程度不高，定性定量不能兼顾——定性方法往往局限于创新政策的某些细节或具体产业；定量方法在统计中受制于样本量和统计误差，甚至不得不忽略政策组间的内容差异[37]。为此，本研究引入质性数据分析，以此方法为基础，综合运用定性和定量两种思路，这也是本研究的新颖之处——据文献调查显示，近10年来，以"中美创新"为主题词的文献为3000余篇，这其中与"政策分析"相关的约占1/5，运用质性数据分析方法剖析中美创新政策的研究十分稀缺，是学术探索和理论创新的福地和沃土。

第三节　研究结果：中美创新政策比较

　　本研究从中美国家创新战略与创新政策体系、国家实验室建设、颠覆性技术创新、职务发明制度，以及中美创客运动这 5 个重点方面开展中美创新政策的比较研究。研究思路以国家创新体系理论为依据，选取的 5 个重点方面都是创新知识流上的重要节点：中美创新战略是个复杂的政策体系，由两国的国家创新战略、中国双创、创业美国和中美创新对话众多文件构成，该政策体系是质性数据构建的主体，营造中美整体创新环境；国家实验室建设与管理是政府自上而下参与科研创新的重要方式，与颠覆性技术创新、前沿科技规划一样，都位于创新知识流的上游，是关乎国家中长期发展与中美互利合作的战略议题；中美的职务发明制度则是知识产权制度设计中的重要内容，涉及科技成果转化与创新活动激励，它与政府引导、民间自发的中美创客运动都位于创新知识流的中下游。因此，本研究以创新知识流为脉络，将质性数据分析方法引入中美创新政策研究，从政策文件中构建质性数据，同时广泛参考其他文献资料、综合运用其他定性定量方法，对上述 5 个重要方面开展比较研究。

一、字词层面：中美创新政策的高频词

　　对中美创新政策体系（图 4.1）进行质性数据构建，考察政策话语的用语特征（如高频用词）。本研究借助 NVivo 词频分析功能，对两类用语——政策对象和政策行为进行词频分析，并做正态分布分析。第一，将 86 份文件（附表 4.1）导入 NVivo 内部材料；第二，对材料进行分组，本研究分为 CN、EN、ID（Innovation Dialogue）、MEI、NS（National Strategy）和 SAI 等（图 4.2）；第三，选定群组，运行查询下的词频功能，得到词语云和词频列表（图 4.3，表 4.1、表 4.2 与图 4.4）。通过观察词语云图可以清晰地发现，中美创新政策用语的核心都是创新。

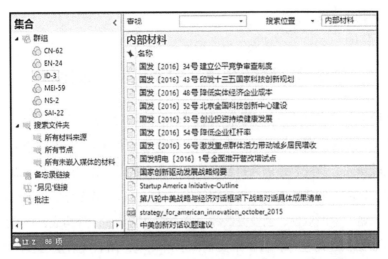

图 4.2　文件输入：向 NVivo 导入 86 份政策文件并分为若干群组

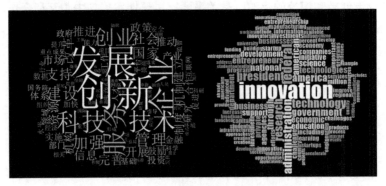

图 4.3　中美创新政策比较：中国双创与创业美国的政策词语云（86 件样本）

受语言统计学研究启发[49]，本研究假设政策字词的选择具有随机性且服从正态分布，用表 4.1、表 4.2 数据构建分布图，发现整体上呈偏态分布，现将分布图描述如下。

图 4.4 显示，中美创新政策的政策对象用语存在显著差异。中国双创以"企业＋科技＋国家＋社会"为主要矛盾，用语集中程度高，仅有 4 个主要矛盾；而创业美国的对象用语离散程度高，包含 6 个主要矛盾，即"Federal+President+Administration+Technology+Business+Entrepreneur"。考察政策对象用语的主要矛盾，中国双创政策的主要方面落在企业，而创业美国则指向 Federal。

表 4.1　中美创新政策比较：政策对象用语前十位 [a]

排名	词语 [b]	计数 [c]	加权百分比 / % [d]	词语	计数	加权百分比 / %
1	企业	2165	1.00	Federal	205	0.42
2	科技 [e]	1812	0.84	Administration	177	0.36
3	国家	1066	0.49	President	175	0.36
4	社会	998	0.46	Technology [f]	171	0.35
5	机制	967	0.45	Business	120	0.24
6	资源	944	0.44	Entrepreneurs	110	0.22
7	信息	908	0.42	Economic	101	0.20
8	机构	902	0.42	Agencies	98	0.19
9	制度	867	0.40	Capital	66	0.13
10	市场	867	0.40	Information	64	0.13

注：a 数据清洗包括：删去同义词，如保留 technology，删去 technologies；删去虚词等 stop words，如 through；筛选近义词，如科技与技术二者择一，companies 与 startup 二择一。

b 查询条件设为完全匹配，以避免同义词语归类的歧义问题，语言设为中文，最小长度设为 2，对大于 2 的词进行人工审核。如长度为 3 的高频词语有互联网、国务院，其含义分别与信息、国家相近，故二择一。

c 计数就是该词语在所有查询文件中出现的次数。

d 加权百分比是词语出现次数相对于查询文件中所有词语的频率。例如对"伟大的中国人民解放军从胜利走向胜利"进行分词：伟大 1、中国人民解放军 1、胜利 2、走向 1，则胜利一词的加权百分比为：2/（1+1+2+1）=40.0%。

e、f "科技"与 Science and Technology 并不一定相互对应，存在翻译问题[48]。本研究姑且取"科技"而不用"技术"（0.81%），取 Technology 而不用 Science（0.20%），即用科技对应 Technology。

表 4.2　中美创新政策比较：政策行为用语前十位

排名	词语	计数	加权百分比 / %	词语	计数	加权百分比 / %
1	创新	2805	1.30	Innovation	363	0.74
2	发展	2463	1.14	Research	161	0.33
3	服务	1934	0.90	Development	98	0.20
4	创业	1549	0.72	Education	98	0.20
5	建设	1267	0.59	Support	100	0.20
6	加强	1236	0.57	Startup	70	0.14
7	管理	1224	0.57	Investment	69	0.14
8	支持	1058	0.49	Improve	58	0.12
9	改革	1015	0.47	Building	53	0.11
10	完善	987	0.46	Services	53	0.11

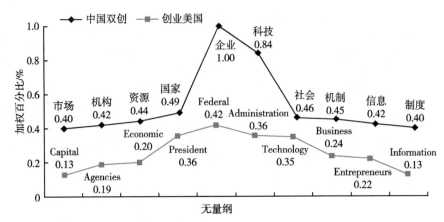

图 4.4 中美创新政策比较：政策对象高频词分布示意图（由表 4.1 得出）

图 4.5 显示，中美创新政策行为用语趋同，都以创新为主。中国创新政策行为用语的主要矛盾是"创新＋发展＋服务＋创业"；美国创新政策行为用语的主要矛盾是"Innovation+Research+Development+Education"。同时，从政策行为用语的主要矛盾上看，两国都以创新和发展为主，中国双创突出了服务和创业，创业美国强调的是 Research 和 Education。

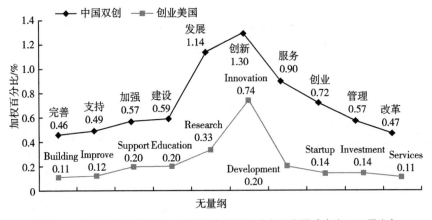

图 4.5 中美创新政策比较：政策行为高频词分布示意图（由表 4.2 得出）

综上，将政策用语的对象和行为联系起来，抓创新政策话语选用的主要矛盾和矛盾的主要方面，推论：

●中美创新政策的用语整体相似度较高，都以创新为核心，但抛开相同点，中国双创强调服务企业与发展科技；创业美国则以政府、总统、行政、技术、企业和企业家为主线，强调提供研究和教育。

● 中国双创政策的对象用语与行为用语都呈现密集程度较高的特征，对象和行为高度拟合，目标明确；创业美国的对象用语离散度较高，而行为用语却较为集中，这种偏差意味着考虑得宽泛而要做得集中。

二、句段层面：中美创新政策的知识流

为了描绘创新政策的运转是否通畅、预估政策组合工具是否突然失效，本研究借助 NVivo 矩阵编码功能，对政策话语按照政策主体和政策措施两个维度进行段落层面编码。首先，提炼出样本中包含的政策主体的名称并编码，得到48 个中国政策主体和 17 个美国政策主体（附表 4.2），这些主体名称都是已出现在样本中的，那些没有收录的，要么是没有出现在样本中，要么是出现次数太少。其次，政策主体名称具有地域性差异，涉及中美政策语言习惯、政治体制、社会文化等方面，例如，美国的总统可以指总统本人，但往往指代总统这个岗位，白宫可以是总统职能的代称，这与中国的情况略有不同。再次，涉及英文缩写时，本研究将缩写词归类为其全称编码下，不对缩写词单独列表。如 Department of Energy（DOE），先搜索全称，再搜索缩写并将缩写结果加入全称结果中。同时，本研究也对缩写词做辨析，如 Department of Education（ED）的缩写词与很多词缩写一致，需要打开每个检索编码进行人工筛选查验（图 4.6）。最后，中国政府部门名称可以参考中国政府官方资料[50]，美国政府部门名称及缩写词可以参考美国政府官方资料[51]。

国家创新体系与全球创新生态系统理论，其实是一个不断发展演化的理念，发展阶段不同，名称不同，其核心是知识流动、社会利益群体差异和相互学习[6-10]。实际上，关于创新，中华民族最有发言权，创新治国之理念也源自中国：商汤刻"苟日新，日日新，又日新"提醒为政者要不断革新身心，可以说是创新治国之鼻祖；《周易》演卦象，述"革故鼎新"之理念，以指导人们生产生活；"有生于无""温故知新"是对创新的源头进行的自然和人文思考；"便国不法古""时移而治不易者乱"是强调恰当的社会革新不仅是正当的，而

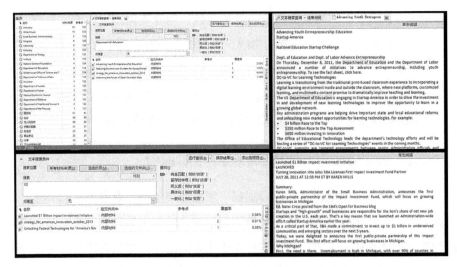

图4.6　政策主体编码：新建并检查政策主体名目

（左上：检索 Department of Education；右上：查验，编码；左下：检验
缩写词；右下：查验，不编码）

且是必要的；老庄把治国理政归结为"烹小鲜""解牛"，强调"不伤""游
刃有余"，这与国家创新体系和全球创新生态系统中对创新的深刻认识如出
一辙——哪里有什么全牛（创新），唯"以无厚（知识流）入有间（社会群
体）"——知识的流转是创新的关键，决定知识循环流转的原因正是与创新相
关的各个利益主体之间的相互作用，这种作用实质是一种学习[28]。

　　政策措施本身也是知识，各个主体对政策措施也需要学习。因此，政策
措施在各政策主体间循环流转，每个主体都是一条渠道，每个政策措施都是一
注知识流。具体地，可以将创新政策主体分为企业、大学、研究机构、政府部
门等，将创新政策措施定义为人员流动、技术扩散、人员培训、规则制定、平
台搭建、知识产权保护、简政放权、财政补贴、信用监管和社会舆论等。如果
把所有类别的政策主体和措施都做编码，则主体名目超过100，措施条目超过
50，解读难度会比较大，所以本研究：① 仅选取政策主体中的政府部门，并
在样本中只选择出现次数靠前的10个名目作分析；② 以技术转移、加计扣除、
企业孵化和商事制度4项创新政策措施为例，作为矩阵编码；③ 查找范围设
为大范围临近区完全匹配检索（图4.7）。如此，生成10×4的交叉分析三维

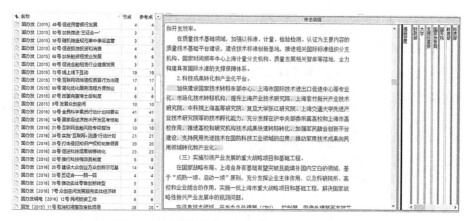

图 4.7　政策措施编码：新建并检查政策措施名目

（以技术转移为例，截图有增删）

矩阵图（图 4.8）。之所以把范围设定得这么小，一方面是小范围可以保证分析的效率；另一方面，本研究试图以精简的案例演示质性数据分析在中美创新政策比较中的应用，并在应用此方法的基础上，突出新的演绎方案。

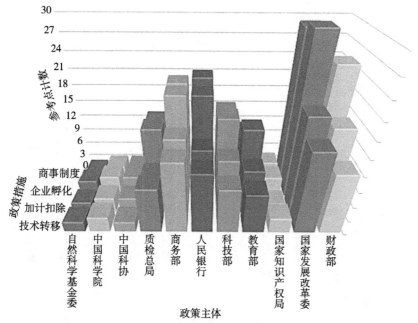

图 4.8　中美创新政策比较：中国双创政策主体与政策措施三维矩阵图（64 件样本）

图 4.8 显示，竖轴为政策措施编码参考点计数，平面两个轴分别是 10 个

政策主体和4项政策措施。以技术转移为例做交叉分析：国家发展改革委同技术转移关系最密切，其次是商务部、财政部等部委。具体数值可以参考该图的矩阵汇总表。如果定义共现数目达到20属于强相关，低于20是弱相关，则可分析部门与政策工具之间的相关性强弱。图4.9是二维矩阵图，色块表征政策

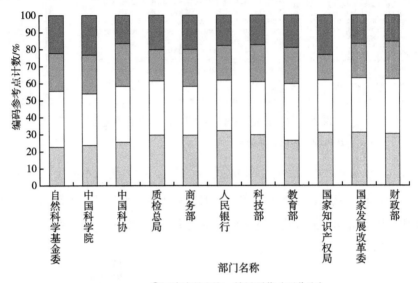

①矩阵编码查询—结果预览（百分比）

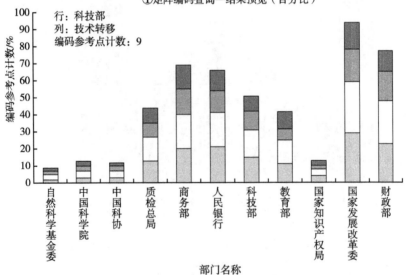

②矩阵编码查询—结果预览（计数）

图4.9 中美创新政策比较：中国双创政策主体与措施二维矩阵图
（64件样本，①图为百分比，②图为计数）

在部门中的所占比例。

交叉分析可以基于实际问题。例如，提问：在企业孵化政策措施方面，与中国科协有关的政策文件在2016年有哪几份？具体内容都有什么？只要点击汇总表里的矩阵交叉点，就能看到具体材料来源，看到已编码的政策句段（图4.10）。

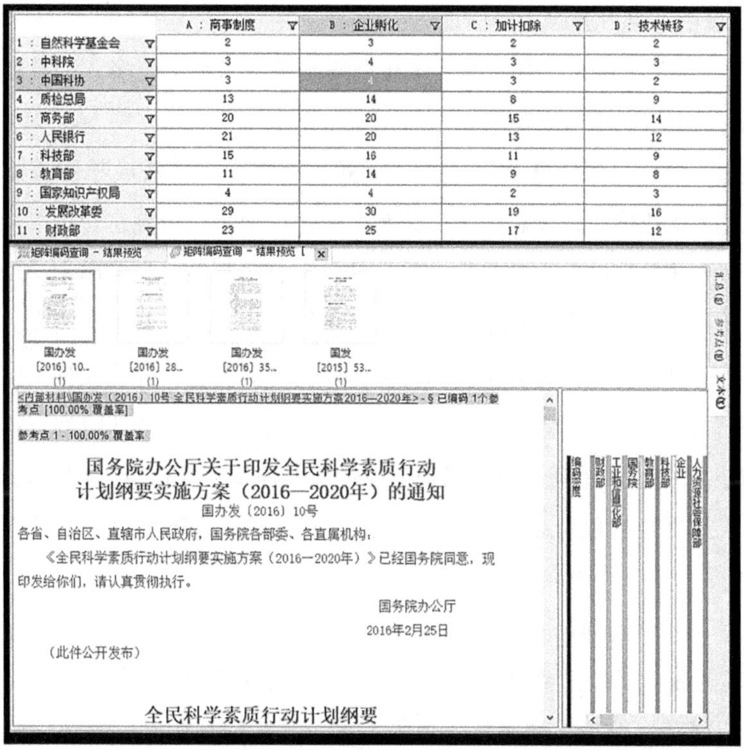

	A：商事制度	B：企业孵化	C：加计扣除	D：技术转移
1：自然科学基金会	2	3	2	2
2：中科院	3	4	3	3
3：中国科协	3	4	3	2
4：质检总局	13	14	8	9
5：商务部	20	20	15	14
6：人民银行	21	20	13	12
7：科技部	15	16	11	9
8：教育部	11	14	9	8
9：国家知识产权局	4	4	2	3
10：发展改革委	29	30	19	16
11：财政部	23	25	17	12

图4.10　中美创新政策比较：中国双创政策交叉矩阵汇表及出处（64件样本，二维）

以上矩阵图实际上是对句段语义的交叉统计分析，借助QDA软件，大批量的政策文件能够被迅速处理，不仅大幅度节省阅读工作量、成倍提高查找速度和精准度，而且能够在交叉比对中实现数据挖掘——本研究提供一个进一步挖掘数据化政策的方案：做政策知识流的“畅通—堵塞”情景预测分析。将政策主体设为M（m_1，m_2，…，m_i），政策措施设为N（n_1，n_2，…，n_i），可采样政策主体和措施的总量，也可考察哪些主体M（m_k）学习某一个政策措施

n_k，还可计算某一个主体 m_k 在学习哪些措施总量 $N(n_k)$。这样就能够结合现有的流体数学模型[52]，定义出创新政策的 3 个变量：

- V——政策流转速度，未知量待求，若其值为 0 或趋于 0，则意味着政策堵塞；
- Q——政策总量，用政策措施数表征，总量小可能不利于政策贯彻落实，但总量大也可能起反作用；
- K——政策密度，用政策主体数表征，参与的主体越多，利益不一致越多，密度越大，越易拥堵。

至此，创新政策流转通畅与否的问题，就转化为比较成熟的流体突变问题：通过考察并检测政策总量与政策密度变化情况，政策制定者可以从理论上预测政策流转的速度，不论突变方程及其求解有多复杂，只要牢记一个简单的反比关系：$V=Q/K$，就能把握整个流体变化的趋势，即随着密度增大，总量变大或变小，总会有速度趋近于 0 的时刻，要么突然发生，要么线性发生。例如图 4.9 中，技术转移的措施数量 $Q=90$，它在样本中的 10 个部门都有流转，密度 $K=10$，已知这两个量，就可以根据模型里的速度公式估算 V 的堵塞临近点，由此，政策制定者就可以提前调整政策总量和密度，避免政策工具因堵塞而失效。

同理，可以得到创业美国的矩阵图，并预测其政策工具失效情况。应用政策流转速度分析，需要对政策总量有比较确切的把握。虽然本研究已经采集了目前能够获取的最大样本量，但仍不足以真实描述中美创新政策全景。不过，政府部门（发文机构）是能够收集所有文件的，进而开展有效的统计分析。

三、篇章层面：中美创新政策的内部结构

为了划分创新政策文件的层级结构、探讨政策文件之间的关联程度，本研究借助 NVivo 聚类分析功能，对文件单词的线性相关程度做层次聚类分析，并做政策文件的整体估算。第一，选取群组中文的全部 62 件样本；第二，设定基于单词的 Pearson 测量方法；第三，运行聚类算法，得到树状图和圆桌图。

图 4.11 树状图显示，中国双创政策可以被梳理出 4 条脉络。本研究归纳了

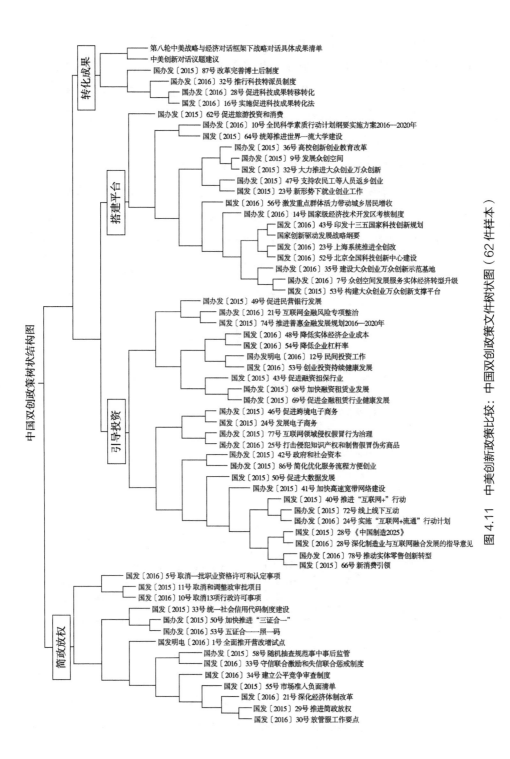

图 4.11 中美创新政策比较：中国双创政策文件树状图（62 件样本）

各条脉络的名称，并在树状图的分支点处"贴标签"：简政放权、引导投资、搭建平台和转化成果。其中，引导投资和搭建平台政策是 62 件样本的主体部分，其次是简政放权，而转化成果比例较小；从整体上看，中国双创内部结构呈扁平化，在引导投资的政策中，很多是"互联网+"，这可以与另一大政策板块就业创业很好地结合。

图 4.12 圆桌图显示，中国双创政策的纲领性文件是 2015 年 32 号文件和国家创新驱动发展战略纲要。该图中的连线反映了文件两两之间的关联程度，与2015 年 32 号文件关联的文件最多，可视之为纲领性文件。本研究把圆形图称为"圆桌图"：每位座上客（政策文件）都相互交谈，共同话语最多的连线最多，也最有话语权。实际上，2015 年 32 号文件正是双创政策的核心文件，这

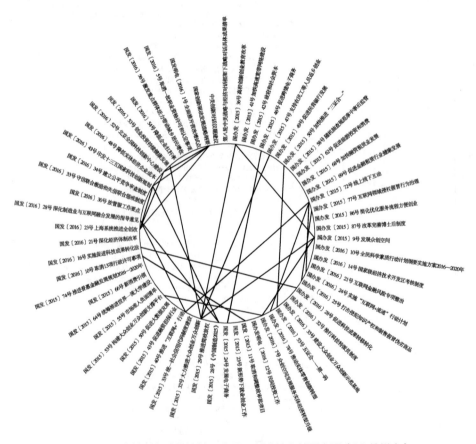

图 4.12　中美创新政策比较：中国双创政策文件圆桌图（62 件样本）

在其他独立研究中得到了印证[24]。

同理，可以得到创业美国的树状图和圆桌图。综合这些结果，本研究做以下推论：

- 中美创新政策的层级结构不同，创业美国倡议的纲领性文件较之中国双创的文件能更好地融入周边政策环境。中美虽都有指挥部（纲领政策），但中国的兵团（周边政策）"各自为政""打乱仗"，这与政策涉及市场、企业和民众有关；美国的周边政策更集中在政府职能范围之内（如教育、科研），比较好管控。

- 中美创新政策的战略定位不同。创新战略定位不同的具体表现是纲领文件的组成成分不同，这是顶层设计的差异：中国双创政策的纲领文件主要考虑国内发展，重视政策的自上而下执行和落实；创业美国的纲领文件包含内政与外交两个政策，这很可能与美国一贯维护其在全球的领先地位有关。造成战略定位差异的原因很多，可以包括经济发展阶段、社会创新环境和民族文化等。

然后，用政府部门节点作为聚类对象，生成多维尺度分析图，进而比较部门间关系。64 件样本反映出来的府际关系在图 4.13 中的左边得到显示。其中，可以从中查看任意两个部门，比如科技部和财政部，在政策文件上的相互联系；如图 4.13 中的右图所示，中间是共同有关联的文件，两边是与对方不相关的文件。

同理，可得创业美国政策府际关系图（图 4.14）。鉴于样本量对聚类影响较大，本研究不做单独的创业美国聚类分析。

最后，对 86 件中美创新政策样本进行整体聚类分析，结果如图 4.14 所示。类数设为 2，其含义是按照中美两国将政策主体进行二分：深灰色的群落是中国政府部门，浅灰色的是美国的。总体还是聚类分明的。然而，双方互有一些被划在对方群落里的部门，比如中国的外专局、外汇局、民航局等，这可以解释为：这些部门在双创政策中处于非主流，就像美国部门一样（双创当然很少涉及美国），所以被划分到美国的群落里；类似地，美国的 Office of Public Affairs 等部门也被划分到了中国的群落里。

政策研究不仅包括政策文件方面，还包括政策规划、政策效果、政策互动

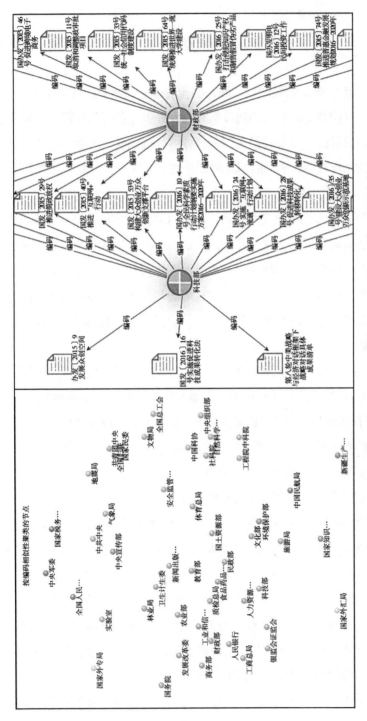

图 4.13 中美创新政策比较：中国双创政策主体府际关系图（62 件样本）

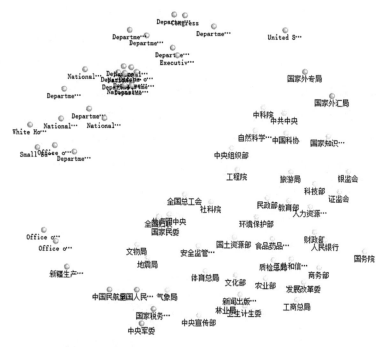

图 4.14　中美创新政策比较：中美创新政策府际关系图（86 件样本）

多个纬度的研究，只有各个纬度、大量数据的相互独立呈现、彼此交叉印证，研究者才能更加全面地绘制出政策全图。本研究认为，虽然政策文件蕴含的价值有限，但只要尝试深入挖掘，就有可能得到更多有价值的推论。为了最大限度挖掘文本的价值，在上述聚类分析的基础上，本研究开始做新的探索，假设：① 国家创新战略目标在一定时期内是基本保持不变的，而达成这一目标是分步骤逐渐实现的。也就是说，如果一位研究人员站在较远的未来回过头看今天的创新政策，那么他很可能会发现中美创新政策体系都是有始有终的，战略目标的转化、世界利益格局的变革、社会文化的变迁、科技革命的爆发等因素都可以终止一系列政策，也可能开启新的政策。因此，一个政策体系所含的政策文件数目是有限的，而且总数在一段时间内是固定的。② 研究者每次对政策文件的抽取是随机的且互不干扰的行为，则可以运用统计学方法，估算该政策体系所含文件的总数，$S=(N_1 \times N_2)/M$[49]。将中美创新政策视为一个政策整体，本研究第一次抽取政策 62 件，第二次抽取政策 24 件；寻找两次抽取的相同文件，可以在得到聚类图后，将类数逐渐由小到大推演，找出最佳聚类结果。在本例中，当类数为 7 时，相似内容的文件聚类效果最佳，且为 3 件（图 4.15 左下角），则中美创新政策的文件总数可以进行估算，62×24/3=496；进而可以推测当总数为 496 时，现在的中美政策仅为总量的 17%。如果非要给创新政策加上一个期限的话，按中国实施了 2 年（2015—2016 年），美国 6 年（2011—2016 年）推算，17% 的文件在平均 4 年的时间里被推出，则始于 2011 年的中美创新政策体系还可能继续发展 19.5 年或更久，大约到 2036 年告一段落，有所转型。当然，这个基于诸多假设和统计模型抽象的估测值，很有可能基本建模条件都不能满足，有待进一步检验和改进。

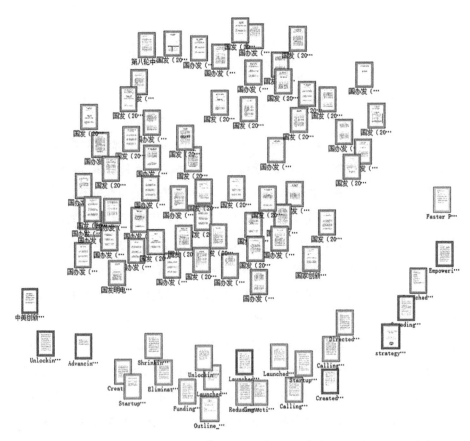

图 4.15　中美创新政策比较：中美创新政策文件群落图（86 件样本，J- 距离）

四、体系层面：中美创新政策的外部环境

目前，世界各个国家同时运行着各自的创新政策。这些政策文件的集合，既是全球创新生态系统的重要组成部分，也是中美创新政策的外部环境。其中，由中美创新对话构成的双边合作机制，是中美创新政策外部环境的最小的范围。本研究仅收录了3件最小外部环境的政策样本，还不足以分析整体外部环境。但只要不断补充全球创新政策样本，重复前文一至三的分析步骤，就可以对中美创新政策的外部环境进行统计分析，分析方面可以包括创新社会网络、创新人才流动、全球创新指数、创新对提升GDP的效力等。

五、中美创新政策比较结果

第一，中美创新政策的主要关注点大同小异。中国双创与创业美国的用语整体相似度较高，都以创新为核心。但抛开相同点，中国双创强调服务企业，重视发展科技；创业美国则重视政府提供创业教育，强调科研和企业家群体。中国双创政策的对象用语与行为用语高度拟合，意味着政策目标明确、知行合一；创业美国的对象用语离散度较高，而行为用语却较为集中，这种偏差反映出美国政府"想得多而做得精"。

第二，中美创新政策的流转情况差别较大。从样本中的4项政策措施与10个主体的共现总量上看，中国双创政策措施在部门间的分工更加明确，发改委和财政部是主要政策主体，商事制度和企业孵化两项政策措施是双创的主要部分；创业美国的创新政策基本均匀地分布在所选的政府部门中，而且共现较高的政策文件也比较集中，各项措施在样本中呈现出较高的协同性。可以推断，中美创新政策都是通过多个部门交叉贯彻，中国政府的部际关系与美国的相比更为复杂一些，政策组合在中国也更为复杂。

本研究尝试将质性数据分析方法引入中美创新政策比较研究，为政策文件的批量分析提供一套较为新颖的方法和思路；较为系统地对近年的中美创新政策进行了定性和定量比较研究。本研究的不足之处包括美国政策的样本数量不足，对中美两国的不同创新语境、创新文化还需细加考量；创新政策

编码体系应进一步丰富完善；本研究的结论需要实证来检验（这也为下一步研究提供了具体方向）。总之，对于基于质性数据分析的中美创新政策比较，本研究的研究还在尝试探索阶段，方法还要继续完善，恳请同行专家不吝指正。

第四节　质性数据的编码与语料库表

中国创新政策编码体系表与美国创新政策编码体系表分别见表4.3与表4.4。

表4.3　中国创新政策编码体系

一级编码	二级编码	三级编码
创新政策	政府部门	国务院、发展改革委、财政部、工业和信息化部、人民银行、商务部、银监会、科技部、人力资源社会保障部、工商总局、农业部、教育部、质检总局、证监会、林业局、食品药品监管总局、卫生计生委、民政部、新闻出版广电总局、国土资源部、文化部、环境保护部、旅游局、体育总局、国家知识产权局、气象局、中国民航局、安全监管总局、国家外汇局、地震局、国家民委、国家税务总局、国家外专局、文物局、自然基金委、中科院、社科院、工程院
	营商环境	简政放权、知识产权保护、包容审慎监管、转移职能、多证合一、商事制度、降低制度性交易成本
	科技金融	脱虚入实、新旧动能转化、民间资本、加计扣除、信用体系、政府采购、互联网金融
	企业孵化	小微企业孵化、人员培训、创客运动、科技园区
	技术转移	技术扩散、技术转移、职务发明、专利、排他许可、垄断、开放型、共享
	人才流动	引智、千人、创新环境、科学文化、学术环境、教育培训、创新活力、创业热情

　　注：编码在实际使用中是与逻辑符号（例如与或非）连用的。这里不做具体描述。在实践中，编码的逻辑设定是个反复试验、反复比对的复杂研究过程。

表4.4 美国创新政策编码体系

一级编码	二级编码	三级编码
	Department	Federal Government, White House, President, Congress, Senator, Agencies, Small Business Administration, Department of Energy (DOE), Office of Science and Technology Policy (OSTP), National Science Foundation (NSF), Department of Education (ED), Department of Veterans Affairs (VA), Department of Commerce (DOC), Department of Justice (DOJ), Department of Labor (DOL), National Economic Council, Department of Defense (DOD), Department of Health and Human Services (HHS), National Institutes of Health (NIH), Executive Office of the President, Department of Transportation (DOT), Department of the Treasury, National Institute of Standards and Technology (NIST), National Oceanic and Atmospheric Administration (NOAA), National Telecommunications and Information Administration (NTIA), Department of Agriculture, Department of the Interior (DOI), Department of Homeland Security, Department of State, Office of Personnel Management (OPM), United States Patent and Trademark Office (USPTO), Office of Public Affairs
	Commercial rule	Right, administrative barrier, IPR, IP protection, patent, legislation, authorized, committee, executive
	Capital and finance	Invest, R&D funding, bid, tax, exemption, procurement, purchase, expenses, cost
	Platform	Incubator, science park, education, training, course, aim, law, regulation
	Technology transfer	Licensing, assignee, contractor, domain, exclude, market, economy, ethics, competition, manufacturing, monopoly, defense, expiration, procedure, royalty, granted, acquisition, basic, advance, applied, science technology and society (STS)
	Talent flow	Labor, contract, agreement, award, payment, performance, public engagement, justice, obligation, brain drain, American

第五节　关于对策建议 ①

中美两国的创新政策诞生在相同的时代背景下，具有很多共同点，但由于各自战略定位、经济阶段、社会人文环境等方面存在差异，政策内容也不尽相同。习近平总书记强调，中国要坚定不移推进中美新型大国关系建设，"使务实合作成为中美关系的压舱石"[53]。这指明了应对美国威胁与挑战的内外政策总方针。遵照此方针，积极制定并及时调整对内对外创新战略与政策，既是长期而重要的任务，也是紧迫且必要的工作。本研究运用质性数据分析方法，从创新创业政策、国家实验室建设、前沿技术创新、职务发明制度，以及创客运动情况 5 方面，对中美创新政策进行了比较研究，为下一阶段我国应对美国科技创新挑战、增进对美科技创新合作，提出以下几点对策和建议。研究的目的在于挖掘创新政策异同，在借鉴吸收美国创新政策长处的同时，寻找中美增进合作的契合点，助力两国携手将人类创新大计和全球发展事业推向创新生态健康发展的新高度。

一、坚持巩固中美创新合作框架机制

在《中美科技合作协定》伞形框架协议和中美科技合作联委会机制下，中美两国保持着良好的科技合作政府间机制。目前，中美合作内容与领域又有了新的拓展。2017 年 4 月，习近平主席在同特朗普总统会晤时指出，在世界格局大变动、大调整、各种不确定性增加的大背景下，中美关系作为世界稳定"压舱石"的作用更加凸显，中美加强合作的必要性和紧迫性进一步上升。"在相互尊重和互利互惠的基础上，拓展务实合作"，中国要展现出大国的战略思考和自信气度，坚持巩固现有合作机制，不断推动新时期中美关系更好发展。今后，在巩固原有基础上，包括中美创新对话、中美人文对话等机制，还可以丰富发展

---

① 该研究作于 2017 年前后，提出的建议具有时效性和时代局限性。2021 年本书作者已就我国对美科技政策提出了一些新的对策建议，详细内容请参见文献：罗晖，李政，崔馥娟，等. 当代中国科技外交的实践与特色［J］. 外交评论，2021，38（6）：1-22.

更多形式的社会对话与人文交流，以中美政府间科技人文合作交流机制为主体，增加社会团体、民间组织的合作框架，树立典型机制，不断丰富具体合作内容。

二、持续拓展中美创新人员交流渠道

中美科技人员的交流与合作符合创新驱动发展战略的要求，通过整合双方与创新有关的各类资源，建立中美人才交流、合作、培养的协同发展机制。在协同发展的机制下，充分发挥包括两国政府、高等院校、科研机构、企业、科技团体，以及科技服务中介机构多个创新主体的协同作用，使这些主体共同参与到中美两国科技人才的培养和交流过程中。为此，我国政府可以制定一系列宏观政策，对上述主体的合作进行引导与调控：首先，要消除两国科技人员交流与合作的制度性障碍；其次，通过制定相应的产业政策、科技政策、人才政策等，推动两国科技人才的协同培养和交流；再次，两国应就科技人员的交流与合作展开积极对话，签订具有可操作性的双边人才交流协议；最后，建立多种形式的中美合作创客空间，为两国创客提供共享空间、便利服务和创业设施，适时举办和进一步推动中美创客大赛、中美创客论坛等活动，鼓励中美两国创客对话交流，激发灵感，促进创新创业。

三、不断丰富中美科技创新合作内容

中美之间的重大科技合作项目是两国基础科研合作、企业创新合作及国家战略合作的有效载体，是集成两国科技创新资源、实现重点领域跨越发展的重要合作模式。中美双方在过去的科研合作成果显著，合作领域不断拓宽，合作前景广阔。今后在实施好已有重大科技项目合作的基础上，我国政府可以继续拓展合作领域的广度与深度，增加一批体现两国战略合作、聚焦前沿科技发展的重大合作项目，探索两国重大科技项目合作的新型创新模式，完善重大合作项目的组织形式，让合作带动我国科技、产业和经济的发展。与此同时，完善知识产权沟通机制，在贸易保护、出口禁运、全球知识产权协议等问题上持续地沟通，以达到更加深入的相互理解，加快两国科技创新流通速度，用开放包容的创新意识，丰富中美创新合作内容。

四、深入研究创新政策体系，引导科技社会发展

习近平总书记明确提出把创新驱动发展战略上升为国家战略，要研究"非对称性"赶超措施，我国可以从人才选拔的评人、评项目制度设计上，从职务发明奖励与激励制度上不断改进，引导整个社会，包括科技工作者和民众，对创新型人才、对新科学和具有颠覆性的技术逐渐认同和接受，在认同和接受的同时，不断适时出台恰当科技创新政策，引导民间投资，向信息、生命、材料和物质等基础研究领域优先配置人力物力资源，不断推进科技创新在社会中的落地和传播，实现新技术的市场转化和价值创造，逐渐形成与美国旗鼓相当的科研创新软实力。美国政府在面对前沿技术、颠覆性技术及颠覆性创新这一政策问题时，抓住了科技人才和社会接受这两个"牛耳"，抢占科技创新政策制高点，在人才选拔、项目评定等工作上的经验做法，比较值得我国借鉴，尤其是以人为本、以创新型人才为核心的政策和管理机制，值得我们学习借鉴，运用创新政策工具，不断引导技术成熟、科学共同体认可，以及整个社会民众对新科技的接受与适应。

五、全面统筹中美创新战略，开辟持续合作未来

习近平总书记为中美关系发展规划蓝图，提出了建立"新型大国关系"的主张，指出中美双方应该从两国人民根本利益出发，从人类发展进步着眼，创新思维，积极行动，共同推动构建新型大国关系。两国从国家经济发展到促进全球经济稳定复苏，从处理国际和地区热点问题到应对各种全球性挑战，拥有重要的利益汇合点，都需要加强交流合作。不论美国政府对话政策如何变化，中美关系对两国、对亚太乃至世界都很重要，中美两国通力合作不仅对美国有益，对中国有益，对全世界都有益。中美的未来合作可以包括五个坚持：一是坚持构建新型大国关系正确方向，使和平、尊重、合作始终成为中美关系的主旋律；二是坚持增进战略互信，尊重彼此利益和关切，以宽广的胸怀对待差异和分歧，坚定两国人民友好合作的信心；三是坚持互利共赢的合作理念，创新合作模式，拓宽合作领域；四是坚持增进人民友谊，大力推进两国民间交

往，鼓励两国社会各界相向而行，不断夯实中美关系的社会基础；五是坚持促进世界和平与发展，合力应对全球性挑战，同各国人民一道，建设更加美好的世界。

致谢：本研究是与李正风、封凯栋等合作完成的，在此谨表诚挚谢意。

参考文献

［1］中共中央文献研究室. 习近平关于科技创新论述摘编［M］. 北京：中央文献出版社，2016.

［2］新华社. 习近平总书记讲话全文：为建设世界科技强国而奋斗［EB/OL］.（2016-05-30）［2017-07-10］. http：//news.xinhuanet.com/politics/2016-05/31/c_1118965169.htm.

［3］The White House. Fact sheet：The White House releases new strategy for American innovation，announces areas of opportunity from self-driving cars to smart cities［EB/OL］.（2015-10-21）［2017-07-10］. https：//www.whitehouse.gov/the-press-office/2015/10/21/fact-sheet-white-house-releases-new-strategy-american-innovation.

［4］The White House. Presidential memorandum on the White House Office of American innovation［EB/OL］.（2017-03-27）［2017-07-10］. https：//www.whitehouse.gov/the-press-office/2017/03/27/presidential-memorandum-white-house-office-american-innovation.

［5］刘立. 科技政策学研究［M］. 北京：北京大学出版社，2011.

［6］薛澜，柳卸林，穆荣平. 中国创新政策研究报告［M］. 北京：科学出版社，2011.

［7］王春法. 技术创新政策：理论基础与工具选择［M］. 北京：经济科学出版社，1998.

［8］王春法. 关于国家创新体系理论的思考［J］. 中国软科学，2003（5）：99-100.

［9］李正风，曾国屏. 中国创新系统研究：技术、制度与知识［M］. 北京：经济科学出版社，1999.

［10］封凯栋. 国家创新系统：制度与演化的视角［J］. 国家行政学院学报，2011（3）：120-124.

［11］罗晖. "以人为本"的创新：解析创新生态系统［R］. 第二届上海—加州创新对话，2016.

［12］李正风. 五大发展理念与国家创新生态系统［R］. 中国发展战略学研究会 2016 学术年会，2016.

［13］李政，李正风，罗晖，等. 面向政策文本研究的质性数据分析方法：以创新政策为例探讨编码体系的建立［R］. 中国社会学会 2016 年年会科学社会学论坛，2016.

［14］国家发展和改革委员会. 2015 年中国大众创业万众创新发展报告［M］. 北京：人民出版社，2016：10-55.

［15］Startup America Initiative.［EB/OL］.（2011-01-31）［2017-07-10］. https：//obamawhitehouse.archives.gov/economy/business/startup-america.

［16］新华社. 中共中央 国务院印发《国家创新驱动发展战略纲要》［EB/OL］.（2016-05-30）［2017-07-10］. http://www.gov.cn/zhengce/2016-05/19/content_5074812.htm.

［17］The White House. FACT SHEET：The White House releases new strategy for American innovation，announces areas of opportunity from self-driving cars to smart cities［EB/OL］.（2015-10-21）［2017-07-10］. https://www.whitehouse.gov/the-press-office/2015/10/21/fact-sheet-white-house-releases-new-strategy-american-innovation.

［18］科技部. 第七次中美创新对话在京成功举行［EB/OL］.（2016-06-16）［2017-07-10］. http://www.most.gov.cn/kjbgz/201606/t20160615_126093.htm.

［19］李克强在 2015 夏季达沃斯论坛开幕式上的致辞［EB/OL］.（2015-09-10）［2017-07-10］. http://news.xinhuanet.com/fortune/2015-09/10/c_128215773.htm.

［20］罗晖，李慷，邓大胜. 中国大众创业、万众创新监测指标研究［J］. 全球科技经济瞭望，2016，1（31）：17-30.

［21］WINCE-SMITH D, Council on Competitiveness. Innovate America：thriving in a world of challenge and change［R］. Global Innovation Ecosystem 2007 Symposium，2004.

［22］丁宏. 奥巴马政府创业美国计划的政策评析及其启示［J］. 世界经济与政治论坛，2012（4）：70-79.

［23］Peerasit Patanakul，Jeffrey K. Pinto. Examining the roles of government policy on innovation［J］. Journal of High Technology Management Research，2014（25）：97-107.

［24］李政，罗晖，张丽. 中美创客比较研究［J］. 全球科技经济瞭望，2016，31（6）：20-28.

［25］赵刚，林源园. 美国的创新：美国创新体制及其对华战略研究［M］. 武汉：华中科技大学出版社，2016.

［26］第八轮中美战略与经济对话框架下战略对话具体成果清单［EB/OL］.（2016-06-08）［2017-07-10］. http：//news.xinhuanet.com/world/2016-06/08/c_1119007842.htm.

［27］李正风，曾国屏. 创新研究的"系统范式"［J］. 自然辩证法通讯，1999，21（5）：29-33.

［28］王春法. 国家创新体系理论的八个基本假定［J］. 科学学研究，2003，21（5）：533-538.

［29］李晓昂，苏敬勤. 质性分析视角下的创新政策结构与特征——基于中美创新政策比较研究［D］.大连：大连理工大学，2013.

［30］蔺洁，陈凯华，秦海波，等. 中美地方政府创新政策比较研究——以中国江苏省和美国加州为例［J］. 科学学研究，2015，33（7）：999-1007.

［31］黄灿. 欧盟和中国创新政策比较研究［J］. 科学学研究，2004，22（2）：212-217.

［32］郭雯. 设计服务业创新政策的国内外比较及启示［J］. 科研管理，2010，31（5）：124-130.

［33］黄萃. 政策文献量化研究［M］. 北京：科学出版社，2016.

［34］赵莉晓. 创新政策评估理论方法研究——基于公共政策评估逻辑框架的视角［J］. 科学发展战略与政策，2014，32（2）：195-202.

［35］李江，刘源浩，黄萃，等. 用文献计量研究重塑政策文本数据分析——政策文献计量的起源、迁移与方法创新［J］.公共管理学报，2015，12（2）：138-144.

［36］李伟宏，胡宝民. 国外创新政策评估与设计研究述评［J］. 技术经济与管理研究，2011，12：27-31.

［37］刘凤朝，孙玉涛.我国科技政策向创新政策演变的过程、趋势与建议——基于我国289项创新政策的实证分析［J］. 中国软科学，2007（5）：34-42.

［38］KOTSEMIR M，MEISSNER D. Conceptualizing the innovation process-trends and outlook［R］. National Research University Higher School of Economics，Institute for Statistical Studies and Economics of Knowledge，Research Laboratory for Science and Technology Studies，2017.

［39］CHRISTENSEN C M. The innovator's dilemma.［M］. 胡建桥，译. 北京：中信出版社，2014：151-190.

［40］CHRISTENSEN C M，BOWER J L. Disruptive technologies：catching the wave［J］.

Harvard Business Review, 1995, Jan–Feb: 43–53.

[41] VAN HOLM E J. Makerspaces and contributions to entrepreneurship [J]. Procedia –Social and Behavioral Sciences, 2015, 195: 24–31.

[42] MCGRATH L, GUGLIELMO L. Communities of practice and makerspaces [J]. Computers and Composition 2015, 36: 44–53.

[43] National Economy Commisssion. The White House Office of Science and Technology Policy. A Strategy for American Innovation 2015 [R]. Washington: The White House.

[44] National Science Board of National Science Foundation. Science & Engineering Indicators 2016 [R]. Arlington VA: National Science Foundation, 2016.

[45] Office of Management and Budget, Office of Science and Technology Policy. Multi–agency science and technology priorities for the FY 2017 budget [EB/OL].(2015–07–09)[2016–03–19]. https://www.whitehouse.gov/sites/default/ files/microsites/ostp/m-15–16.pdf.

[46] MANYIKA J, CHUI M, BUGHIN J, et al. Disruptive technologies: Advances that will transform life, business, and the global economy [R]. Los Angeles: McKinsey Global Institute, 2013.

[47] BRIMLEY S, FITZGERALD B, SAYLER K. Game Changers. Disruptive Technology and US Defense Strategy [R]. Washington, DC Center for A New American Security, 2013.

[48] 李政, 罗晖, 李正风, 等. 基于突变理论的科技评价方法初探 [J]. 科研管理, 2017（38）: 193–200.

[49] 雷功炎. 数学模型八讲——模型、模式与文化 [M]. 北京: 北京大学出版社, 2010: 173–182.

[50] 中华人民共和国国务院. 国务院组成部门.[EB/OL].（2017–01–01）[2017–07–10]. http://www.gov.cn/guowuyuan/zuzhi.htm.

[51] US GOV. Government Agencies and Elected Officials.[EB/OL].(2017–01–01)[2017–07–10]. https://www.usa.gov/federal–agencies.

[52] 郭健, 陈兴林, 金鸿章. 基于尖点突变对交通流模型的研究 [J]. 控制与决策, 2008, 23（2）: 237–240.

[53] 新华社. 习近平会见美国总统国家安全事务助理赖斯时强调: 使务实合作成为中美关系的压舱石.[EB/OL].（2016–07–26）[2017–07–10]. http://news.xinhuanet.com/mrdx/2016–07/26/c_135539813.htm.

附　录

附表 4.1　中国双创政策文件

文件年号	标　题
2015	国务院办公厅关于发展众创空间推进大众创新创业的指导意见
	国务院办公厅关于深化高等学校创新创业教育改革的实施意见
	国务院办公厅关于加快高速宽带网络建设推进网络提速降费的指导意见
	国务院办公厅转发财政部发展改革委人民银行关于在公共服务领域推广政府和社会资本合作模式指导意见的通知
	国务院办公厅关于促进跨境电子商务健康快速发展的指导意见
	国务院办公厅关于支持农民工等人员返乡创业的意见
	国务院办公厅转发银监会关于促进民营银行发展指导意见的通知
	国务院办公厅关于加快推进"三证合一"登记制度改革的意见
	国务院办公厅关于推广随机抽查规范事中事后监管的通知
	国务院办公厅关于进一步促进旅游投资和消费的若干意见
	国务院办公厅关于加快融资租赁业发展的指导意见
	国务院办公厅关于促进金融租赁行业健康发展的指导意见
	国务院办公厅关于推进线上线下互动加快商贸流通创新发展转型升级的意见
	国务院办公厅关于加强互联网领域侵权假冒行为治理的意见
	国务院办公厅关于简化优化公共服务流程方便基层群众办事创业的通知
	国务院办公厅关于改革完善博士后制度的意见
	国务院关于取消和调整一批行政审批项目等事项的决定
	国务院关于进一步做好新形势下就业创业工作的意见
	国务院关于大力发展电子商务加快培育经济新动力的意见
	国务院关于印发《中国制造 2025》的通知
	国务院关于印发 2015 年推进简政放权放管结合转变政府职能工作方案的通知

续表

文件年号	标　　题
2015	国务院关于大力推进大众创业万众创新若干政策措施的意见
	国务院关于批转发展改革委等部门法人和其他组织统一社会信用代码制度建设总体方案的通知
	国务院关于积极推进"互联网 +"行动的指导意见
	国务院关于促进融资担保行业加快发展的意见
	国务院关于印发促进大数据发展行动纲要的通知
	国务院关于加快构建大众创业万众创新支撑平台的指导意见
	国务院关于实行市场准入负面清单制度的意见
	国务院关于印发统筹推进世界一流大学和一流学科建设总体方案的通知
	国务院关于积极发挥新消费引领作用加快培育形成新供给新动力的指导意见
	国务院关于印发推进普惠金融发展规划（2016—2020 年）的通知
2016	国务院办公厅关于加快众创空间发展服务实体经济转型升级的指导意见
	国务院办公厅关于印发全民科学素质行动计划纲要实施方案（2016—2020 年）的通知
	国务院办公厅关于完善国家级经济技术开发区考核制度促进创新驱动发展的指导意见
	国务院办公厅关于印发互联网金融风险专项整治工作实施方案的通知
	国务院办公厅关于深入实施"互联网 + 流通"行动计划的意见
	国务院办公厅关于印发 2016 年全国打击侵犯知识产权和制售假冒伪劣商品工作要点的通知
	国务院办公厅关于印发促进科技成果转移转化行动方案的通知
	国务院办公厅关于深入推行科技特派员制度的若干意见
	国务院办公厅关于建设大众创业万众创新示范基地的实施意见
	国务院办公厅关于加快推进"五证合一、一照一码"登记制度改革的通知
	国务院办公厅关于推动实体零售创新转型的意见

续表

文件年号	标　　题
2016	国务院办公厅关于进一步做好民间投资有关工作的通知
	国务院关于取消一批职业资格许可和认定事项的决定
	国务院关于取消 13 项国务院部门行政许可事项的决定
	国务院关于印发实施《中华人民共和国促进科技成果转化法》若干规定的通知
	国务院批转国家发展改革委关于 2016 年深化经济体制改革重点工作意见的通知
	国务院关于印发上海系统推进全面创新改革试验加快建设具有全球影响力科技创新中心方案的通知
	国务院关于深化制造业与互联网融合发展的指导意见
	国务院关于印发 2016 年推进简政放权放管结合优化服务改革工作要点的通知
	国务院关于建立完善守信联合激励和失信联合惩戒制度加快推进社会诚信建设的指导意见
	国务院关于在市场体系建设中建立公平竞争审查制度的意见
	国务院关于印发"十三五"国家科技创新规划的通知
	国务院关于印发降低实体经济企业成本工作方案的通知
	国务院关于印发北京加强全国科技创新中心建设总体方案的通知
	国务院关于促进创业投资持续健康发展的若干意见
	国务院关于积极稳妥降低企业杠杆率的意见
	国务院关于激发重点群体活力带动城乡居民增收的实施意见
	国务院关于做好全面推开营改增试点工作的通知

附表 4.2　创业美国倡议（*Startup America Initiative*）文件

标　　题
Startup America Initiative–Outline
Startup America for a Stronger America
Launched $1 Billion Impact Investment Initiative
Calling on Congress to Unlock More Startup Capital
Eliminating Capital Gains Taxes on Small Business Investments
Connecting Clean Energy Startups with Experienced Mentors
Creating New Incubators for Military Veterans Starting High–Growth Businesses
Launched Nationwide Center for Teaching Innovation and Entrepreneurship in Engineering
Funding Clean Energy Business Competitions for Students Nationwide
Advancing Youth Entrepreneurship Education
Reducing Student Loan Burdens for Young Entrepreneurs
Faster Patent Applications
Calling on Congress to Turn Job Seekers into Job Creators
Directed Federal Agencies to Speed Up Research Breakthroughs
Created an Innovation Corps to Help Scientists Launch Startups
Launched i6 Challenges for Regional Innovation
Unlocking Federal Technologies for "America's Next Top Energy Innovator"
Speeding Up Technology Licensing for Biomedical Startups
Launched a Policy Challenge to Accelerate Innovation in Health
Shrinking Electricity Bills with Open Energy Data
Unlocking the Power of Open Education Data
Empowering Consumers with Open Health Data

附表 4.3　中美创新内外环境文件

标　　题	备　　注
国家创新驱动发展战略纲要 2016	公开文件，国内
美国国家创新战略 2015（A Strategy for American Innovation 2015）	公开文件，国内

附表 4.4 中美政策主体列表

中 国	材料来源	参考点	美 国	材料来源	参考点
国务院	61	61	White House	10	130
发展改革委	31	31	Small Business Administration	8	128
财政部	25	25	Congress	6	126
工业和信息化部	22	22	Department of Energy	5	125
人民银行	21	21	Office of Science and Technology Policy	5	125
商务部	20	20	National Science Foundation	4	124
银监会	17	17	Department of Education	4	124
科技部	16	16	Department of Veterans Affairs	4	124
人力资源社会保障部	16	16	Department of Commerce	3	123
工商总局	15	15	Department of Justice	2	122
农业部	15	15	Department of Labor	2	122
教育部	14	14	National Economic Council	2	122
质检总局	14	14	Department of Defense	2	122
证监会	13	13	Department of Health and Human Services	2	122
林业局	11	11	National Institutes of Health	2	122
食品药品监管总局	11	11	Executive Office of the President	2	122
卫生计生委	11	11	Department of the Treasury	1	121
民政部	10	10	Department of Transportation	1	121
新闻出版广电总局	10	10	National Institute of Standards and Technology	1	121
国土资源部	8	8	National Telecommunications and Information Administration	1	121
文化部	7	7	National Oceanic and Atmospheric Administration	1	121
中共中央	7	7	Department of Agriculture	1	121

续表

中　　国	材料来源	参考点	美　　国	材料来源	参考点
环境保护部	6	6	Department of the Interior	1	121
旅游局	5	5	Department of Homeland Security	1	121
体育总局	5	5	Department of State	1	121
中央宣传部	5	5	Office of Personnel Management	1	121
国家知识产权局	4	4	United States Patent and Trademark Office	1	1
气象局	4	4	Office of Public Affairs	1	1
中国科协	4	4	Office of Public and Intergovernmental Affairs	1	1
中国民航局	4	4			
中国科学院	4	4			
安全监管总局	3	3			
中国工程院	3	3			
国家外汇局	3	3			
全国人民代表大会	3	3			
自然科学基金委	3	3			
地震局	2	2			
共青团中央	2	2			
国家民委	2	2			
国家税务总局	2	2			
国家外专局	2	2			
全国妇联	2	2			
中国社会科学院	2	2			
文物局	2	2			
中央军委	2	2			
中央组织部	2	2			
全国总工会	1	1			
新疆生产建设兵团	1	1			

第五章

创新人才评价

——从日本 ImPACT 计划看项目管理人评选机制

第一节　颠覆性技术创新与日本 ImPACT 计划

颠覆性技术以及由此产生的颠覆性创新，是当今世界各国都在积极面对的一个重要课题。习近平总书记多次强调，要"在关键领域、卡脖子的地方下大功夫""准确判断科技突破方向"[1]，实施非对称赶超战略，实现弯道超车[2]。党的十八大以来，非对称情境下的颠覆性技术及颠覆性创新成为当今中国商界、政界的显学，关于颠覆性技术与颠覆性创新的内涵、颠覆性技术预测和评估等方面的科研文章也层出不穷[3-5]。然而，就目前的文献看，关于颠覆性创新人才的学术研究还相对稀缺。历史经验告诉我们，德国和日本之所以在第二次世界大战中遭受重大国力创伤后能够迅速崛起，关键因素是他们经过上百年科技发展，延续下来大批高素质科技人才和创新群体，建立并不断完善科技创新人才选拔、培养的体制、机制。这种优势仍然是支撑德国、日本雄踞世界发达国家前列的重要因素。自然资源再丰富，经济实力再强大，也比不上有一批优秀人才。颠覆性创新人才的识别、选拔、培养与引入等课题研究不仅具有必要性，而且随着全球科技创新竞争日趋激烈，更加具有紧迫性。

本案例研究以日本内阁府（相当于国务院）正在推进的科技政策 ImPACT 计划为实例，收集文件样本 26 件，着重考察该计划遴选出的 16 位项目管理人

（Project Manager，以下简称 PM）及其研究计划，并运用质性数据分析[6]方法探讨 PM 机制、PM 的心理特征和颠覆性创新人才的心理特征，供相关研究者参考。

一、ImPACT 计划的政策背景

日本在 20 世纪 90 年代经济泡沫破裂之后，经济增长一直停滞不前。在 2008 年金融危机之后，日本社会各方力量都尝试突破经济发展停滞的困境。近几届首相也希望通过科技创新实现经济、社会的重大改变。在巩固现有创新优势的同时，日本政府、商界以及学界也对颠覆性技术和颠覆性创新给予了不小的期待。这里也正是体现了日本政府在科技上的"以正合，以奇胜"的战略思维。

二、ImPACT 计划的主要内容

ImPACT 计划是 ImPACT program 的中文译文，ImPACT 是个首字母缩写，全称为：Impulsing PAradigm Change through Disruptive Technologies，意思是"通过颠覆性技术推进范式转变"。因此，ImPACT 计划就是日本政府倡导发展颠覆性技术及颠覆性创新的国家科技创新政策。政策的启动时间是 2014 年，为期 5 年；总资金 550 亿日元（约合 5 亿美元）；政策发起机构是日本内阁府下的科技创新综合会议（CSTI），执行部门是日本科技振兴机构（JST）[7]；政策面向日本全国实施，运营构架见图 5.1。具体结构如下所述。

（1）CSTI 全体会议一般由首相、相关大臣（部长）和执行委员共同参与，负责商定聘用、解职 PM；由大臣、副大臣、政务次官（相当于常务副部长）以及部分议会议员组成的促进委员会负责计划的整体管理工作；促进委员会下设专家组或专家咨询委员会，咨询委员会由某些议会议员和外聘专家组成，负责监管项目进展。

（2）CSTI 在 ImPACT 计划中主要执行 PM 的提名、决议和项目评审。

（3）复审专家组或复审专家咨询会是 ImPACT 计划组织管理的第四个层级。

（4）PM 具有设定管理科研项目课题、全权指定科研团队人选的自主管理

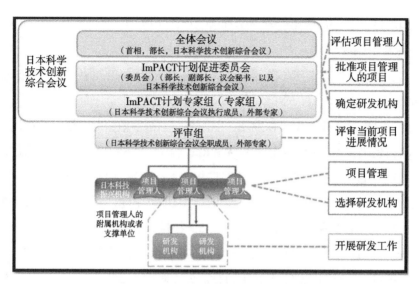

图5.1　ImPACT计划的运营构架（来源：JST资料）

权限。为了使PM专注于科研项目的管理与实施，JST为PM提供诸如协调联络、签订合同、资金管理、知识产权管理、对外悬窗等办公事务上的支撑。

ImPACT计划的设立初衷主要是"催生颠覆性创新，即通过高风险、高影响的研发活动为产业和社会带来重大变革（create disruptive innovations which revolutionize industries and society through high risk，high impact R&Ds）"，主要特征可以归纳为：高风险、高影响（High Risk–High Impact），强调"基于未来的需求来设置研究课题"；预期成果一方面是产出颠覆性创新，另一方面是提出实现创新的行动方案[7]。截至目前，已经分阶段选拔了16位PM：2014年提名12位，全职做PM的有6人，在学术界还有兼职的PM也是6人，每位的经费预算最高3700万美元；2015年增加4位，都是兼职PM，每位的经费预算则降低一半，为1400万美元。每位PM的研究都各具特色。按照研究主题分，可以将16位PM分为5类。

（1）面向新世纪的日本式价值创造（Japan-style value creation for the new century）。

（2）与地球和谐共处（Living in harmony with the world）。

（3）连接人与社会的智能社区（Smart community that links people with society）。

（4）使每个人都能感受到健康舒适的生活（Realize healthy and comfortable lives for everybody）。

（5）增强国民坚韧感（Realize a resilience that is keenly felt by every individual Japanese）。

通过观察这5个类别可以发现，前两个类别是发散型的选题，旨在提倡运用新科技促进日本的价值创造和世界和谐；后3个类别属于收敛型的题目，与人工智能、老龄社会、自然灾害的防控相关。按照官方归类，总共16个研究计划，最多的研究领域是与民生相关的第（4）类主题，共有6个项目；次多的是（1），4个项目；而（2）（3）和（5）都是2个项目。

ImPACT 计划还没有结束。但该研究不妨假设这16项被评价为具有"高风险—高影响"的项目能够达到预期目标。做此假设的依据有二：其一，虽然结果不符合预期的情况总会存在，会有个别案例达不到预期，但从整体上看，可以相信项目评审通过恰当的方式方法做出的评审结论，能够具有一定的效力；其二，公开 PM 和项目本身就是一种巨大的促进示范作用，事情一般都会朝着人们愿意相信的方向发展。

三、ImPACT 计划的 PM 机制

（一）PM 机制的评价程序

ImPACT 计划的设计和实施是围绕 PM 开展的。PM 的选拔和评价已经成为一种公开的机制，成为该计划的核心部分，是该项技术政策的工具内核，也是关于评价颠覆性技术、颠覆性创新和颠覆性创新人才的重要参考。图 5.2 展示了 16 位 PM 的选拔程序[7]，大致分为 3 个阶段。

（1）用 2 个月左右时间公开征召 PM。

（2）用 2 个月左右时间对报名 PM 及其项目开展评审。评审分为三个步骤。

A. 专家组评审：对申报文件进行审阅，对 PM 进行面试，选出 PM 和项目。

B. 委员会评审：汇总入选 PM 和项目，再次面试。

C. 全委会评审：CSTI 全体会议做出最终决议，确定 PM。

D. 用 3—5 个月时间，入选 PM 细化各自的研究计划并在委员会上通过。

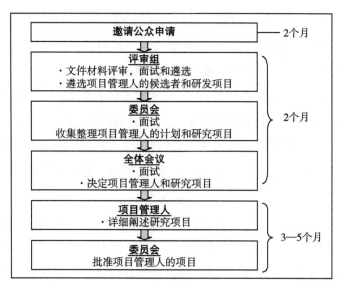

图 5.2　ImPACT 计划 PM 选拔程序（来源：JST 资料）

（二）PM 机制的评价标准

1. ImPACT 计划 PM 的选拔标准可以分为两方面[7]、4 个小点。

（1）对 PM 的个人素质及其工作绩效的评审。

A. 从能力上评价 PM，具体包括：是否有对技术及市场趋势的广阔视角；是否能设计和管理"以产业为导向"的研发项目；是否具有较强的沟通能力。

B. 从动机上评价 PM，考察其是否有贯彻实施重大创新的决心。

（2）对 PM 提出的研究计划的概念进行评审。

A. 项目概念是否具有良好的兼容性，是否符合 ImPACT 计划的主旨。

B. 项目概念的内容是否恰当合理。

2. PM 的职责任务可以概括为 5 方面[7]：

（1）明确科研任务，定义要解决的问题。目标的清晰是科研设计的第一步，ImPACT 计划强调问题导向，每位 PM 都要对科研问题进行明确定义，让科研目标清晰化。

（2）明确研究方法，制定解决办法的思路。针对明确的研究目标，澄清解决办法中的概念、厘清解法步骤。充分发挥创造力、想象力。

（3）设计研究计划，组织开展研究。PM 要组建自己的科研团队，团队往往是由跨机构、跨部门、跨学科的科研人员组成。

（4）开展项目管理，协调各方工作。PM 要勤于沟通、善于协调，在科研团队内部和外部进行有效的项目管理，让工作朝着既定目标进行。

（5）开发研究成果，促进科研成果转化。PM 要对科研成果进行知识产权管理，制定技术转移方案，确定应用中的产业标准，实现科研成果的商业化。

3. PM 的权利和义务[7]包括以下两项。

（1）PM 具有选择科研机构进行项目实施的权利，有分配项目预算的权利。如果 PM 本人并不在所选的科研机构任职，则 PM 需要向专家组汇报工作情况；如果 PM 选择自己任职的科研机构，则 PM 需要向委员会汇报工作情况，由委员会决定项目进展的合理性、必要性和相关性。这种 PM 和科研机构有所区分的程序设定，主要考虑的是 PM 在向自己所在的科研机构分配项目资金时，委员会能够起到监管作用。

（2）PM 需要接受项目评审，半年一次，PM 汇报工作进展。专家组可以提出改进要求，CSTI 会议保留解除 PM 职务的权利。

第二节　质性数据视角下的 PM 机制解构

本研究收集 ImPACT 计划的公开文件作为研究样本，收集整理 1 份总计划、9 份进展报告和 16 份 PM 研究计划[7]，运用质性数据分析方法对这 26 份文件进行 NVivo 高频词查询。话语的元素是字词，文件中的字词数量是话语的重要特征，重要的思想是往往在话语中重复出现。因此，本研究假设：高频词语可以表征重要关注点。因此，基于 NVivo 的词频查询功能，本研究对中美创新政策文件做高频词分析。由图 5.3 和表 5.1 所示，如果按照对象用语和行为用语将高频词进行分组，那么：

- 出现率排在前面的对象是：技術、機関（机关）、システム（系统）、データ（数据）、大学、課題、社会、可能、量子、細胞、実績、情報、产业、方法、医療、世界、必要、材料、目標、機能、PM（项目管理人）、重要、デバイス（设备）、分子、考え方（观点）、可視、ビッグデータ（大数据）、小型、要素、レーザー（激光）、企業；

- 出现率排在前面的行为是：開発、研究、選定、実現、公募、評価（评价）、実施、指名、構造、達成、実証、解析、計測（计量）、有する（持有）、介護（看护）、設計、反応（反应）、制御（控制）、処理。

图 5.3　ImPACT 计划高频词分析（26 件样本）

表 5.1　ImPACT 计划相关文件前 50 位高频词（26 件样本）

排名	词语	计数	加权百分比 / %	排名	词语	计数	加权百分比 / %
1	開発	1383	2.33	16	細胞	206	0.35
2	研究	984	1.65	17	実績	202	0.34
3	技術	928	1.56	18	実施	194	0.33
4	機関	614	1.03	19	指名	193	0.32
5	選定	458	0.77	20	情報	183	0.31
6	システム	341	0.58	21	産業	179	0.30
7	実現	286	0.48	22	方法	167	0.28
8	公募	284	0.48	23	構造	159	0.27
9	データ	283	0.48	24	医療	154	0.26
10	大学	268	0.45	25	世界	151	0.25
11	課題	265	0.45	26	達成	150	0.25
12	評価	264	0.44	27	実証	148	0.25
13	社会	216	0.36	28	必要	144	0.24
14	可能	212	0.36	29	材料	144	0.24
15	量子	210	0.35	30	解析	145	0.24

续表

排名	词语	计数	加权百分比 / %	排名	词语	计数	加权百分比 / %
31	計測	142	0.24	41	分子	120	0.20
32	目標	138	0.23	42	制御	119	0.20
33	機能	130	0.22	43	考え方	117	0.20
34	PM	127	0.21	44	可視	116	0.20
35	有する	126	0.22	45	ビッグデータ	116	0.20
36	介護	125	0.21	46	処理	112	0.19
37	設計	125	0.21	47	小型	112	0.19
38	重要	124	0.21	48	要素	113	0.19
39	デバイス	120	0.20	49	レーザー	99	0.17
40	反応	120	0.20	50	企業	99	0.17

　　大学作为一个重要机构，在 ImPACT 计划中参考颇多，这从 PM 的选拔程序、职责定位等方面也可看出。本研究从样本中抽出"大学"这一关键因素和 ImPACT 计划的重要参与主体之一进行统计分析，考察其在文件中的质性数据特点。首先，26 份样本中涉及的大学包括 38 所，按参考点数量排序如表 5.2 所示。

表 5.2　ImPACT 计划相关大学列表（26 件样本）

排名	大　　学	来源	参考点	排名	大　　学	来源	参考点
1	東京大学	20	358	13	愛媛大学	2	50
2	大阪大学	15	283	14	静岡大学	3	29
3	京都大学	15	282	15	千葉大学	3	27
4	東北大学	15	273	16	山形大学	2	25
5	東京工業大学	12	213	17	慶応大学	2	23
6	名古屋大学	6	113	18	岡山大学	2	23
7	早稲田大学	7	104	19	信州大学	2	22
8	北海道大学	5	101	20	慶応義塾大学	2	29
9	筑波大学	5	100	21	電気通信大学	2	29
10	九州大学	4	88	22	長岡技術科学大学	2	27
11	神戸大学	4	71	23	学習院大学	1	25
12	奈良先端科学技術大学院大学	3	60	24	産業医科大学	1	23

续表

排名	大　　学	来源	参考点	排名	大　　学	来源	参考点
25	自治医科大学	1	23	32	群馬大学	1	20
26	北陆先端科学技術大学院大学	1	22	33	金沢工業大学	1	20
27	同志社大学	1	22	34	名城大学	1	12
28	室蘭工業大学	1	22	35	大阪府立大学	1	12
29	東京農工大学	1	22	36	広島大学	1	12
30	福井大学	1	22	37	立命館大学	1	12
31	弘前大学	1	20	38	麻布大学	1	12

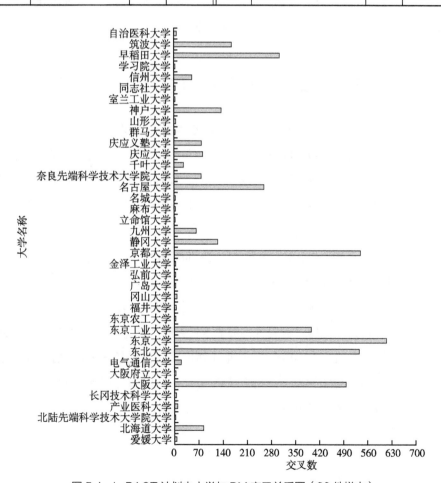

图 5.4　ImPACT 计划中大学与 PM 交叉关系图（26 件样本）

通过 NVivo 的矩阵分析可以得到各个大学在样本中与"PM"这一关键词的交叉相关情况，如图 5.4 所示：东京大学、京都大学、东北大学、大阪大学、东京工业大学、早稻田大学、名古屋大学、筑波大学、神户大学和静冈大学是与 PM 关键词交叉相关最多的 10 所大学。横轴数量越大，说明该大学与 PM 的交叉越多。这一结果也可以从某种程度上反映出 ImPACT 计划与这些大学之间的相互关系。如果把大学作为连接 PM 的一条重要相关因素，那么这 16 位 PM 的相关关系图就可以通过 NVivo 的聚类分析功能得到。

除了大学，还有许多机关是 ImPACT 计划的重要参与主体，与 PM 有着千丝万缕的关系，比如政府的部门、政府下设的科研机构、企业的研发机构、民间团体等。限于篇幅本研究对此不作展开分析。

第三节　质性数据视角下的 PM 心理特征

科技创新是人类的一种复杂劳动，从事科技创新的个人和团队，从心理分析层面上，具有一类人群的心理特征，如果用一个词来归纳，就是"创造力强"。本研究主要关注的颠覆性创新人才的心理特征，这类人正是 ImPACT 计划希望选拔的 PM。如果说颠覆性创新是创新的一种，那么颠覆性创新人才应该符合创新人才的一般特质。有学者通过深度访谈从而开展词频分析，将科学方面的创造者心理归纳为 5 个因素[8]：内部驱动的动机、问题导向的知识构架、自主牵引性格、开放深刻的思维与研究风格，以及强基础智力。本研究选用上述高频词来设计编码方案。由于质性数据编码带有较强主观性，本研究仅以前 50 位的高频词为例，编码方案如表 5.3 所示，交叉分析结果如图 5.5、图 5.6 所示。可以发现：16 位 PM 在研究计划中都表现出较多的基础智力特征，分布也较为均匀；PM 的内部动机普遍占比较少；其他三个特征方面个体差异比较显著，最显著的是个体性格，其次是研究风格。

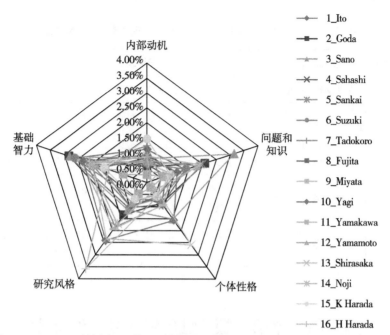

图 5.5 ImPACT 计划中 16 位 PM 创新心理特征的五维度分析雷达图（26 件样本）

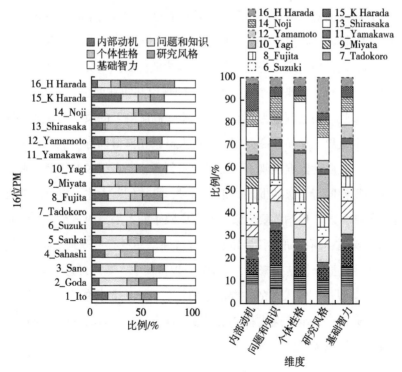

图 5.6 ImPACT 计划中 16 位 PM 创新心理特征的五维度分析柱状图（26 件样本）

表 5.3　ImPACT 计划中 PM 心理特征编码方案（26 件样本）

一级编码	二级编码	三级编码
PM 心理特征	内部动机	機関、課題、社会、大学、産業、企業、世界
	问题和知识	技術、量子、細胞、情報、医療、材料、機能、分子、レーザー、介護、反応
	个体性格	可能、必要、重要、可視、実現、小型、実績、実施、目標、達成
	研究风格	システム、ビッグデータ、デバイス、公募、実証、解析、計測、有する、制御、処理
	基础智力	開発、研究、方法、考え方、指名、選定、評価、要素、構造、設計

第四节　讨论：颠覆性创新人才评价维度

日本政府在面对颠覆性技术及颠覆性创新这一政策问题时，主要政策工具是设计 PM 机制。只有抓住 PM，才能开展人才选拔、项目评定等工作，这便是以人为本、以创新型人才为核心的政策和管理机制。其实，重大科技项目的计划、实施和评价，向来是个重要而艰巨的理论和实践课题。ImPACT 计划还没有结束，那些当初被判定为具有"高风险—高影响"的项目到底能否达到预期目标，日本政界、学界和商界相关工作人员都在拭目以待。本研究仅从样本研究件入手，在质性数据视阈下做出了初步判断，还有很多方法上、观点上的问题，希望得到同行专家的批评指正。同时，科技创新人才的成长因素也是研究颠覆性创新人才心理的重要因素，本研究限于样本采集的不足，并没有对这一方向进行探讨，所以研究仅停留在心理层面，还没有上升到人格特征层面。就目前的质性数据分析结果来看，在 PM 心理特征中，基础智力维度非常突出，如果以此为颠覆性创新人才的主要心理特征，那么在评价颠覆性创新人才时，便可以此为突破口，设计选拔和考核标准，重点考察个体的智商。例如，可以对设定智力分数至少占比 20%。

第五节 结 语

习近平总书记明确提出把创新驱动发展战略上升为国家战略,要研究"非对称性"赶超措施,颠覆性创新及其人才选拔与培养,已是当下学界、商界和政界的共同关注焦点。日本政府推出的颠覆性创新政策 ImPACT 计划已经实施了 3 年,吸引并选拔出 16 位 PM,其独特的人才选拔机制对我国颠覆性创新人才政策设计具有一定参考意义。本研究依托官方文件,从质性数据分析的角度考察了 ImPACT 计划的 PM 机制、16 位 PM 及其研究计划,并参照创新人才心理特征框架,尝试概括 PM 的五维心理特征,发现"基础智力"对颠覆性创新人才的评价工作具有重要意义。

本研究将质性数据分析方法引入科技创新人才评价,首次从 ImPACT 计划文本、16 位 PM 的研究计划中提炼出质性数据并做初步分析,从而归纳了 PM 心理特征,并探讨了颠覆性创新人才的心理特征。不足之处包括:取样数量有限,统计结果解释力度和深度还很有限;研究结果还需进一步做实证探讨。今后的研究将从创新人才培养、人格理论和人才政策等角度入手,扩大样本量,对 ImPACT 计划涉及的科研机构、政府部门再做细分,总结颠覆性创新人才评价机制的设计规律,不断丰富科技评价实践和理论。

致谢:本研究是与周少丹、李正凤、石磊合作完成的,在此谨表诚挚谢意。

参考文献

[1] 新华社. 习近平:为建设世界科技强国而奋斗——在全国科技创新大会、两院院士大会、中国科协第九次全国代表大会上的讲话 [EB/OL]. (2016-05-31) [2017-08-25]. http://news.xinhuanet.com/politics/2016-05/31/c_1118965169.htm.

[2] 罗晖. 在应对新挑战中建设世界科技强国 [N]. 人民日报,2016-09-25 (5).

[3] 刘春平. 我国应对颠覆性技术创新需要重点布局的七大领域 [R]. 中国科协创新战

略研究院《创新研究报告》总第 18 期.

［4］李政，罗晖，刘春平. 浅析颠覆性技术的内涵与培育［J］. 全球科技经济瞭望，
　　2016，31（10）：53–61.

［5］荆象新. 锁兴文. 耿义峰. 颠覆性技术发展综述及若干启示［J］. 国防科技，2015，
　　36（3）：11–13.

［6］李政，李正风，罗晖，等. 面向政策文本研究的质性数据分析方法：以创新政策
　　为例探讨编码体系的建立［R］. 中国社会学会 2016 年学术年会科学社会学论坛，
　　2016.

［7］JST. About ImPACT［EB/OL］.（2016–05–31）［2017–08–25］. http：//www.jst.go.jp/
　　impact/index.html；http：//www8.cao.go.jp/cstp/sentan/about–kakushin.html.

［8］林崇德. 创新人才与教育创新研究［M］. 北京：经济科学出版社，2009：46–95.

第六章

规划方案比较

——中国科协所属学会服务"一带一路"建设
规划方案的质性数据分析

当今，创新驱动发展战略与"一带一路"倡议内外并行，构成中国经济发展之大战略，不断推动中国科技创新与世界同步。习近平主席指出："'一带一路'建设是我国在新的历史条件下实行全方位对外开放的重大举措"、要"引导更多社会力量投入'一带一路'建设"[1]。为了贯彻落实这一重大举措，中国科协充分发挥广泛联络、团结广大科技学会、协会、研究会（以下简称学会）等科技类社团的优势，积极开展"学会服务'一带一路'建设"课题研究，从国家和民间科技力量相结合的角度探讨中国科协所属学会服务"一带一路"建设的途径和方式，从而进一步推动中国科协"开放型、枢纽型、平台型"组织建设。本研究基于中国科协创新战略研究院的相关研究课题，收集整理了 12 个全国一级学会针对如何服务"一带一路"建设做出的规划方案，运用质性数据分析[2]方法，提出五点建议，以期为科技学会服务"一带一路"建设提供学理参考。

第一节　科技学会服务"一带一路"的政策背景

"一带一路"倡议始于 2013 年，成于 2014 年，实施于 2015 年，在 2017年 5 月的"一带一路"国际合作高峰论坛上迈出了坚实的第一步。2013 年习近平主席在哈萨克斯坦纳扎尔巴耶夫大学和印度尼西亚国会发表演讲时分别提到共同建设"丝绸之路经济带"和21世纪"海上丝绸之路"；2014年，习近平主席在亚信峰会、亚太经合组织（APEC）领导人非正式会议上等重要场合进一步提出共建"一带一路"，意在以点带面、从线到片，逐步形成区域大合作，使各国经济联系更加紧密、相互合作更加深入、发展空间更加广阔；2014年，"一带一路"被写入政府工作报告；2015年3月，习近平主席在博鳌亚洲论坛上发表以"迈向命运共同体，开创亚洲新未来"为主题的主旨演讲，随即国家发展改革委、外交部、商务部发布了《推动共建丝绸之路经济带和海上丝绸之路的愿景与行动》，标志着"一带一路"进入全面实施阶段；2017年5月，"一带一路"国际合作高峰论坛成功举办，各国政府、地方、企业等达成一系列合作共识、重要举措及务实成果，主要涵盖政策沟通、设施联通、贸易畅通、资金融通、民心相通五大类，76大项、270多项具体成果。

"一带一路"沿线国家和地区在国家制度、民族文化、经济发展水平等方面，都具有极大的差异性，"一带一路"建设是巨大的机遇，也是艰巨的挑战。"国之交在于民相亲"，民间团体的交流很多时候比国家层面的交往更具有灵活性和连贯性。作为科技社团的中坚力量，大多数学会属于民间科技社团，具有公益性、非营利性、志愿性等属性，在跨地域、跨文化交流中更具亲和力和渗透性。学会服务"一带一路"建设，有利于与沿线各国不同利益、观念的社会群体之间增进沟通、达成共识、赢得更广泛的社会认同。因此，让科技社团在"一带一路"建设中作为科技人文交流的切入点，研究学会服务"一带一路"建设的途径，发挥民间科技力量的独特作用，具有十分重要的实践和学理意义。

第二节　中国科协所属科技社团的职能定位

中国科协是我国管理科技社团最多的组织系统，所属学会、协会、研究会是我国科技社团的中坚力量。学会、协会、研究会作为社团通常是非营利组织，是知识分子为实现共同的理想，或为共同的兴趣而组成的团体[3]。非营利组织的主要特点是：组织性、私有性、非营利性、自治性和志愿性[4]。根据非营利组织的特点研究，有学者归纳总结学会除具有社团的一般性质、特点，还具有最基本的三条性质[5]：志愿性、自主性和学术性。《中国科协全国学会组织通则（试行）》[6]明确提出全国学会是按科学技术领域中的基础科学、技术科学、工程技术及相关科学的学科组建，或以促进科学技术发展和普及为宗旨的学术性、科普性社会团体。该通则规定，全国学会的宗旨任务在于三方面：一是团结和动员广大会员和科学技术工作者，促进科学技术的繁荣和发展，促进科学技术的普及和推广，促进科技人才的成长和提高，促进科学技术与经济的结合；二是反映会员和科学技术工作者的意见，维护会员和科学技术工作者的合法权益；三是为经济社会发展服务，为提高全民科学素质服务，为科学技术工作者服务，推动社会主义经济建设、政治建设、文化建设和社会建设。这些学会历史悠久、组织健全、活动规范、业绩显著，享有较高的学术权威性和社会公信力。目前，中国科协下属200多个全国学会、协会、研究会，覆盖理科、工科、农科、医科、交叉学科等学科和领域，荟萃了各学科（专业）领域的领军人才和中坚力量。中国科协所属科技社团有自身的功能定位，并由此开展学术交流、科学普及、为经济建设服务等多项工作。从世界范围来看，这些学术团体的职能定位主要体现在学术交流、学术规范、人才成长、推动科技进步等方面实现自己的功能（表6.1）。

表6.1　学会的职能定位

职能定位	具体内容
保障科技人员的学术自由，实现科学界的自治	在这些学术团体的各类活动中，平等地讨论学术，自由地发表不同的学术观点，为科学发展创造基本环境，是科学技术人员为推动科技发展必须具备的基本权利，也是创造性科技人才自由成长的必要社会条件。作为以促进科学发展为己任具有自主性和自愿性的科学学会，必须要实行以科技工作者为主体的组织机制，并在保障科技人员学术自由、实现科学界自治方面发挥重要作用，才能真正达到其组织的性质和宗旨要求

续表

职能定位	具体内容
形成共同的科学价值观和科学规范	这些学术团体在长期的科学活动中发扬理性精神，尊重严谨的逻辑和科学实验，推动科学共同体形成了共有的科学规范和科学价值观，以此促进科学技术系统的整体进步与发展。不遵守科学规范的人既不能被科学学会所接受，也不能被科学共同体所容纳
搭建学术活动平台，融会交流编码知识和非编码知识	这些学术团体开展的同行评议活动，以及科学期刊发布是学会搭建的学术活动平台，是作为社会组织优势作用发挥的体现。另外，学术交流会议、学术论坛和科学家私下会晤等形式，既可以传播编码知识又可以传播意会知识的形式。这些学术团体在高校和研究机构以外，为科学家提供了更加广阔的科技界的同行交流机会
开展同行评价，扶持科学人才成长	这些学术团体是同行集聚之地，同行评价的真正实现才能使学会成为科技人才成长的社会组织，成为人才得到承认、表彰和磨砺的最好平台。这些学术团体应该将科技人才的培育作为自己组织的宗旨之一
协同政府和科技实体共同推动科技进步	这些学术团体均在不同程度上承担科学普及和传播等政府职能，为提升公民科学素质贡献力量。同时，在为政府部门提供科技咨询，开展决策辅助活动、接受政府委托开展各类科技评审、专业资格评定等方面的工作。这些学术团体也可以大有作为，在实践中配合研究机构和大专院校开展科学技术活动，推动和帮助企业开展技术创新等，实现自身的社会功能

　　这些科技团体中的不少学会历史悠久、组织健全、活动规范、业绩显著、享有较高的学术权威性和社会公信力。近期，《中国科协学会学术工作创新发展"十三五"规划》[7]发布。规划指出，"十三五"期间，学会工作要履行好中央赋予中国科协的重要职责，在未来5年体现改革驱动、强基固本、助力创新、协同开放等重要作用。在"一带一路"建设不断推进落实的大时代背景下，学会应当发挥好科技类社会化公共服务产品提供者的重要职能，结合"一带一路"建设的时代形势，开展"一带一路"沿线国家与地区的学术交流和科技人文活动，在服务沿线国家的经济建设、提供科技评估等公共产品服务、人才培训等方面不断发展自身职能定位。

第三节　质性数据分析视域下的规划方案比较

一、学会规划方案的编码设计

本研究收集整理了中国科协所属学会提供的学会服务"一带一路"建设规划方案，并以其中的 12 份方案为样本，运用 NVivo 软件进行质性数据分析。这 12 个学会按照理科类、工科类、农科类、医科类、交叉学科类等类型分类[8]，分别为理科类：中国自然资源学会；工科类：中国农业机械学会、中国土木工程学会、中国电工技术学会、中国腐蚀与防护学会、中国仪器仪表学会、中国有色金属学会、中国制冷学会；医科类：中国预防医学会、中国麻风防治协会；交叉学科类：中国科学技术史学会；委托类：国际动物学会。通过对 12 件样本的编码分析，本研究得出学会规划方案中五大领域所占内容比例和各学会的关注领域的分布。运用 NVivo 的词频查询功能，可以统计出 12 件样本中高频词的分布情况，再依照《"一带一路"国际合作高峰论坛成果清单》中的政策沟通、设施联通、贸易畅通、资金融通、民心相通五大领域，本研究制定了如下编码方案（表 6.2）。

表 6.2　学会服务"一带一路"建设的规划方案编码

一级编码	二级编码
政策沟通	倡议、多边、信息、机制、框架、评估、管理、制度
设施联通	实验、项目、规律、数据、技术、研究、材料、系统、平台、工程、试验、应用、学院、学会、协会、中心、设施、研发、生产、设备、基地
贸易畅通	签署、联盟、技术转移、展览、规范、标准、共享、产品、产业、竞争、资源
资金融通	（无）[a]
民心相通	培养、培训、交流、会议、期刊、讲座、论坛、考察

注：a 在规划方案中并没有涉及资金融通的内容，故该项没有编码。

（一）学会规划方案所涉领域的比较分析

通过对不同领域的高频词进行统计分析，得出 12 个规划方案的内容分布图。由图 6.1 可见，12 件样本方案涉及"一带一路"建设的规划方案主要集中在设施联通领域，这部分内容达到总体方案的 53.8%；其次是贸易畅通（18.2%）和民心相通（16.1%）两大类型；在五大类型中，政策沟通的规划内容占比较少（11.9%），而关于资金融通的内容在 12 件样本中并未涉及（0%）。

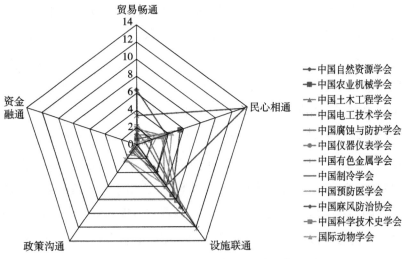

图 6.1　学会服务"一带一路"建设的规划方案：涉及领域比例图（12 件样本）

（二）学会规划方案的领域分布情况分析

由图 6.2 交叉分析，可探讨 12 家学会规划方案的关注领域分布情况：大多数学会在 4 个领域的规划内容比例相当；中国电工技术学会、中国仪器仪表学会和中国有色金属学会的规划方案都涉及了贸易、民心和设施，较少涉及政策领域；中国科学技术史学会只在民心和设施领域做了规划方案，中国制冷学会则规划了贸易和设施领域。由图 6.3 可进一步探讨规划方案的用语情况：每个区域的面积代表了该关键词在规划方案全部内容的所占比例，例如，中国农业机械学会的规划方案中，提到关于展览的内容占其方案内容的 7.69%。

二、科技学会服务"一带一路"的五点建议

通过对规划方案进行定性和定量分析，本研究对政策沟通、设施联通、贸

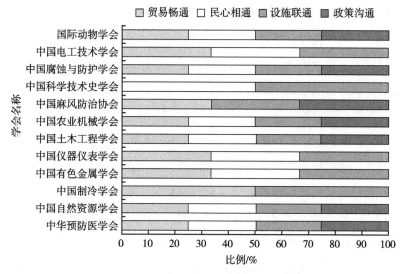

图6.2　学会服务"一带一路"建设的规划方案：关注领域分布图（12件样本）

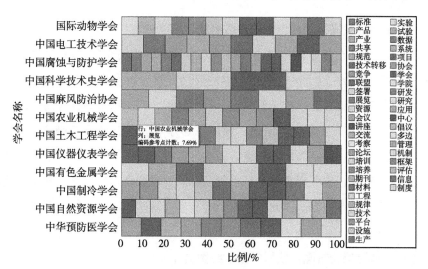

图6.3　学会服务"一带一路"建设的规划方案：具体内容分布图（12件样本）

易畅通、民心相通和资金融通五大政策倡议领域提出5点建设性参考意见。

（一）政策沟通方面：广泛联系政府和企业

从学会提供的规划方案中政策沟通的内容仅占11.9%这点可以看出，政策沟通领域还是学会服务"一带一路"建设的短板。当然，我国与"一带一路"沿线国家和地区的政策沟通还处在互相了解基本政策信息、具体项目一事一议的层面上，在长期制约中国民间团体和企业"走出去"的政策方面，如环保、法律、土地、税收、社保等，还缺乏足够深入的相互了解和信任。相当多的对外政策的具体决策者、执行者、研究者，不出国、不见企业、不会当地语言，缺乏足够的沟通渠道，难以在充分了解彼此利益需求、建立共识之后开展项目合作。美国在实施本国"新丝绸之路计划"的过程中，多次通过民间团体（基金会、对外协会等非政府组织）与中亚国家的决策智库进行对话，同时提供研究项目、研究资金支持和政策咨询支持，从而在决策源头就渗入其"能源南下、商品北上"的战略。我国学会在开展政策沟通过程中也可以借鉴这点经验，推进"一带一路"建设的政策沟通。例如，可以建立对话机制，由包括学会在内的沿线国家地区智库机构参与对话，充分发挥学会在政策沟通方面的作用，让国家政策、产业诉求和企业的声音通过学会间的对话沟通，实现及时交流和反馈。

（二）设施联通方面：大力建设巩固软设施

目前，学会在服务设施联通领域的方案设计得比较充分，占 12 家学会提供规划方案的 50% 以上。通过对样本的质性数据分析发现，中国与"一带一路"沿线国家和地区在基础设施建设、技术转移、科研项目合作等与设施领域相关的方面可以开展合作。但是，当前规划方案重点仍然是基础设施，如工程、平台、学院、中心等设施建设，而在软设施、软资源建设面，学会的规划方案还比较稀缺，比如现有方案较少提及共同开展联合科研试验、共建专项课题研究人才基地等内容。因此，建议学会能够在这些软设施、软资源建设方面进一步丰富方案。

（三）贸易畅通方面：软科学里的经贸合作

"一带一路"沿线的一些国家和地区的科技发展相对落后，这给学会服务贸易领域带来了机遇和挑战。科技学会以其自身科技优势，可以开展包括贸易投资、标准互认、技术转移、集中采购等方面的互动，学会可以集中力量挖掘对沿线国家，特别是对中亚、中东等一些国家可推广的成果项目，如煤油气综合转化、新材料、3D 打印等项目，进而开展相关产品和服务的贸易活动。同时，借助学会成员国别、文化多元化的优势，学会在艺术设计、文创和历史题材产品和服务、跨文化管理等软科学领域开展更多的产品和服务交流，可以探索与沿线国家地区的高校、科研机构、地方政府合作，通过举办展览会、洽谈会、交流会等方式，拓展沿线国家地区的商贸信息沟通方式，不断促进"一带一路"贸易畅通。

（四）民心相通方面：独特优势，广阔舞台

学会在民心相通政策领域具有其他社会机构难以比拟的独特优势。学会具有宽松的学术氛围和优良的学术传统、跨学科跨专业的网络组织、丰富的人才智力资源，这些有利于民间社团交流和科技创新互动。"一带一路"沿线国家政治经济发展情况各不相同，宗教信仰等也十分多元化。在政策倡议不断推进过程中，以学术交流为切入点，开展民众交流互动，与沿线国家的科技组织建立合作关系，可以有效避开一些政治障碍，更加迎合沿线人民的文化心理和生活需求。学会可以牵头与沿线国家的科技社团搭建各具特色、不同功能的学术交流平台，进而带动科技合作形成全面、持续的格局。具体工作可以包括：搭建学术交流平台，定期举办学术交流活动；依托当地学会、研究机构，联合建立研究基地；创办或合办科技类期刊；互派访问学者，探索与沿线大学和研究机构建立长期培训合作机制。除此以外，本研究发现，目前的民心相通领域还可以从加强智库建设和提倡数据共享等方面入手，把学会专家作为智库资源，推动完善国家科技决策咨询制度建设；同时，与"一带一路"国家对口单位共同建立开放的数据平台，实现资源的整合与共享。

（五）资金融通方面：从无到有，学理优先

在质性数据分析的样本研究件中，12家学会并没有太多提及资金融通方面的规划方案，这与大多数学会对各个国家的战略性优势、项目资助需求，以及回报率等方面缺乏深入研究的实际情况有关，也与经验积累相对薄弱有关。"一带一路"建设需要大量资金，如果单靠企业用真金白银去尝试，成本和风险都很高。学会可以利用自身优势，对沿线国家地区相关产业、科技发展状况进行投资、融资研究，在经济发展理论和金融工程的技术层面对中国与沿线国家地区进行合作的可行性、有效性进行深入分析，还可以建立专门的学术研究实体和虚体，为资金融通提供长期、稳定、有针对性的学理支持。

三、结语

"一带一路"倡议是世界各国瞩目的创新政策，是中国未来较长时期的外交重点，也是科技社团服务经济建设的广阔舞台。中国科协所属学会积极参与"一带一路"建设，多个学会已经提出具体规划方案，许多方案正在逐步落地接受实践的检验。本研究整理了12家科技学会的规划方案，结合政策倡议的5个领域，从质性数据分析的视域探讨了学会服务"一带一路"建设的方案设计，归纳了方案所涉领域的分布情况，提出了5点建设性意见。本研究具有一定探索性，在统计分析过程中还未能深入剖析数据背后的原因，在定性分类过程中还需要不断调整编码方案。今后的研究要在此基础上进一步增加分析深度，完善编码方案，并结合各学会的实践情况，力争开展实证研究，从而提出更为切实有效的定性和定量政策建议，为更多的科技团体服务"一带一路"建设提供参考。

致谢：本研究是与王宏伟、李正风、刘春平、夏婷等合作完成的，在此谨表诚挚谢意。

参考文献

［1］新华社．习近平在中共中央政治局第三十一次集体学习时强调 借鉴历史经验创新合作理念 让"一带一路"建设推动各国共同发展［EB/OL］．（2016-04-30）［2017-07-10］．http://tv.cctv.com/2016/04/30/VIDEleGx9RXdYjp0bygeRyIh160430.shtml.

［2］李政，李正风，罗晖，等．面向政策文本研究的质性数据分析方法：以创新政策为例探讨编码体系的建立［R］．中国社会学会2016年学术年会科学社会学论坛，2016.

［3］范铁权．近代中国科学社团研究［M］．北京：人民出版社，2011.

［4］莱斯特·M．萨拉蒙．全球公民社会：非营利部门视界［M］．北京：社会科学文献出版社，2007.

［5］何国祥. 科学学会的性质［J］. 学会，2014（3）：24-32.

［6］中国科协. 中国科协全国学会组织通则（试行 2017）［EB/OL］.（2017-02-03）［2017-07-10］. http：//www.chinaasc.org/news/115666.html.

［7］中国科协. 中国科协学会学术工作创新发展"十三五"规划.［EB/OL］.（2016-04-16）［2017-07-10］. http：//zt.cast.org.cn/n435777/n435799/n17194200/n17194267/17194623.html.

［8］中国科协. 全国学会［EB/OL］.（2017-09-13）［2017-09-13］. http：//210.14.113.5/n35081/n35096/n35111/n35171/index.html.

第七章

舆情报道分析

——伤医案舆情的质性数据分析

第一节　案例研究背景

世界卫生组织（WHO）在"医疗领域工作场所暴力指导框架"报告中，把"工作场所暴力"（workplace violence）定义为：在工作场所发生的辱骂、威胁、攻击从业人员并给当事人带来身心伤害的事件[1]。医疗机构发生的暴力伤医行为不仅威胁医护人员的身心健康，也影响了他们的工作效率和诊疗质量[2]。国外对于暴力伤医的定量研究主要是对某一区域某一群体遭受暴力伤医的人次、占比，以及暴力伤医具体表现形式的研究[3-11]；数据来源主要是：一家或多家医院医护人员问卷调查[6]，专业学会[7]，国家专项调查[8]；有些研究者从地域、人员类型、性别、年龄、从业经验等方面对伤医事件进行考察调查，有的对医院暴力伤医的原因进行分析[9, 11]。国内学者主要从伦理和法律角度开展定性研究。例如，尹秀云称暴力伤医的本质是暴力[12]，张思等称对暴力伤医应明确立法，制定医疗机构治安管理条例[13]；相较而言，基于暴力伤医的定量分析数据来源主要是法院已判决的案例[14]、医护人员问卷调查[15]、媒体报道[16]，分析工具主要体现为 Excel 和 SPSS，数据分析结果大多体现为表现及诱因分析。

从现有数据收集来看，因角度不同以及数据覆盖范围有限，暴力伤医仍有继续深入研究的价值和意义。本研究通过对 2013—2017 年我国网络报道的伤医事件进行了系统采集和统计，采用了质性数据分析方法对暴力伤医行为的表现进行了量化分析比较，并通过分析文字材料，结合访谈资料，提炼事件背后存在的共性因素，总结规律，探讨伤医事件发生的原因，提出相应建议。本研究的总体思路：借助数据结果反映近年来我国伤医案的特点和趋势，同时与现有研究成果进行对照，让社会公众和决策者了解到伤医案已经成为一个社会现象；让医务人员知晓大众媒体并非都是带有偏见地报道伤医案；同时，检验一下新的统计分析方法的优势和适用范围。

第二节　数据统计情况

一、来源和方法

本研究对中国日报中文网、健康报网、京华时报网、新民网、腾讯大秦网、百度新闻、搜狐新闻、凤凰资讯、丁香园等相关网站报道的伤医事件进行收集，统计时间为 2013 年 1 月 1 日至 2017 年 12 月 31 日。检索关键词为：伤医、医闹、医生被打、护士被打等。采用 NVivo 工具进行了质性数据分析。质性数据分析在对报道内容进行分类编码的基础上，统计出高频词、聚类情况和相关分析。本研究把采集到的符合条件的相关伤医案报道，以文本形式储存在 NVivo 工具中，在阅读中标记出关键字词并存储为节点进行编码，随后运用编码方案进行批量文件的编码工作，再进行交叉分析、高频词分析，从而将非结构化的内容进行结构化编码，快速发现要点和关联点。最后，对结论进行探索性的解析。

二、网络报道暴力伤医的基本特征

（一）伤医所涉及的医疗机构地区和时间分布

2013—2017 年 5 年，一共采集到符合条件的公开报道的伤医案例 228 例。从地域上来看，广东省、湖南省、江苏省、四川省、浙江省是暴力伤医高发省份。广东省共发生 33 例，占 16.18%，高居榜首；湖南省、江苏省、四川省和浙江省紧随其后；伤医案频数在 5—9 例的为北京市、陕西省、湖北省、广西壮族自治区、河北省、云南省、福建省、甘肃省、贵州省和重庆市。少数民族集中的自治区宁夏回族自治区、新疆维吾尔自治区各发生 1 例，占 0.49%；广西壮族自治区 7 例，占 3.45%。从区域分布来看，东部地区占 47.4%，西部地区占 22.8%，中部地区占 21%。经济发达的东部地区比中西部报道的伤医案多。

从月份分布上来看，6 月和 7 月是暴力伤医事件发生的高峰期，分别占 16.23% 和 12.72%；排在第三位的为 11 月，占 10.53%（图 7.1）。从季度上看，第二季度发生的伤医事件最多，共 67 例；其次是第三季度，共 58 例。

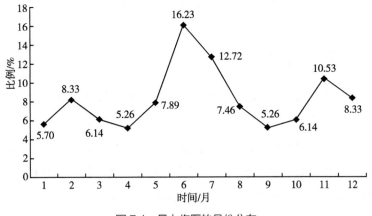

图 7.1　暴力伤医的月份分布

从年份上看，2013 年发生 38 例，占总量的 16.7%；2014 年 49 例，占 21.5%；2015 年 69 件，占 30.3%；2016 年 45 件，占 19.7%；2017 年 27 件，占 11.8%；2015 年报道的事件最多。从暴力伤医的等级上来看，三级甲等医院发生暴力伤医的频率最高，报道的伤医案件占总量的 49.1%；其次是二级甲等医院，报道的伤医案件占总量的 23.7%，一级医院相对较少。

（二）伤医案发生地点及伤医手段分布

暴力伤医事件发生的场所按照频次依次是：门诊、病房、医生办公室和救护车。5 年来在门诊发生的伤医事件数量共 136 例，占比 59.6%；其次是病房，共 61 例，占比为 26.7%；医生办公室和救护车及其他场所（指暴力伤医不常见的发生地点，如停车场）仅占一成多。最常发生暴力伤医的科室是急诊科，5 年共报道 61 例，占 26.8%；儿科 24 例，占 10.5%；外科 18 例，占 7.9%；妇产科 16 例，占 7%；报道中未涉及具体科室的，以不详概括。其他地点包括：精神科、皮肤科、康复科、血液科、心理科、法医鉴定中心、患者家中、120 急救车上等。

在所有 228 例伤医事件中，共识别了 390 项不同类型的伤医行为，因为有些伤医案中肇事者采用了不止一种方式。其中，涉及殴打行为的有 178 例，占比 45.6%，高居暴力伤医手段的榜首；使用医院器具伤害的有 68 例，占比 17.4%；涉及辱骂的有 82 例，占比 21%；使用刀刃伤医的有 56 例，占比 14.4%；使用棍棒的有 6 例，占比 1.5%。需说明的是，有些伤医案件是混合型的，如辱骂加殴打；有些伤害是一人同时使用几种手段，先用刀，后用医院凳子打，或者多人围殴，有的持棍棒，有的拳打脚踢，多种手段综合施暴。在医疗机构中，伤害手段在不同等级的医院表现形式基本一致，殴打在任何等级的医院都是比例最高的，没有医院等级的差异。伤害手段与医院等级关联性不大。伤害手段在不同的案发地点比例基本一致，不存在明显差异，即伤害手段与案发地点的关联性不大。

（三）网络报道暴力伤医的动因

在众多伤医事件的动因里，占比最高的是施暴者认为医生失职或医疗事故，比例为 44%；其次是伤人者醉酒和患者得知病情后心情不好，所占的比例分别为 14% 和 12%；不满医生诊断或态度的占 8%；还有一些患者自身方面的问题，比如家庭矛盾无处撒气，迁怒于医护人员，甚至有些伤害无直接原因；等等。

从网络媒体报道的伤医事件来看，伤医行为发生之前患者或者家属、陪同人员都有一定的情绪或行为倾向，而导致这些情绪或行为倾向的动因最常见的是认为医生失职或医疗事故；其次是醉酒、心情不好（图 7.2）。对其进行简单分析后，可归纳为以下两方面。

第一，信息不对称，对医疗本身认知不足，对过程或医疗效果有过高的预

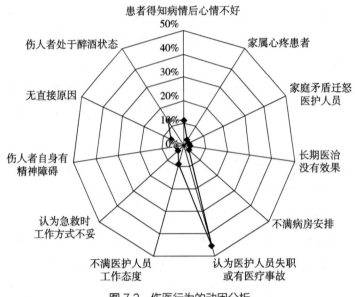

图 7.2　伤医行为的动因分析

期。多数患者及家属都是医疗行为的门外汉，未能充分了解医学的局限性。患者及其家属对医疗行为缺乏充分认识，但他们部分或全程见证医疗过程，基于对医疗行为的不了解及对病情的焦虑，导致他们情绪失控。此外，患者及家属对医疗结果有过高的预期而未达到时，患者及其家属开始对医疗效果不满，他们质疑医生的行为有过错，对医疗结果接受不了，进而产生愤怒，将极端情绪发泄于医护人员身上。

第二，部分患者处于非正常状态，容易被激怒。部分患者处于醉酒、精神病状态，或者有吸毒史、报复社会倾向，对于这部分人来讲，因身体或精神处于异常状态，不仅在医院可能发生伤医行为，放在任何一个地方或场合，都有可能伤害到其他人。这类人的伤害行为，与医院、医护人员本身没有必然的联系。

此外，有些医护人员沟通技巧不娴熟、面对压力事件处理方式欠成熟；部分患者藐视医疗秩序；患者病情多具有危急性、突发性、特殊性，家属情绪易紧张激动，难以控制；医疗费用过高问题常引起患者和家属的不满；社会舆论中常有医院高收费的负面评价；等等。

第三节 结论及建议

一、两条主要结论

（一）暴力伤医事件集中在6—7月，且东部发达地区发生率高

从交叉分析的结果来看，网络报道的暴力伤医的数量在发生年份上并无显著差异，并未体现出相对稳定的持续上升或持续下降的趋势走向。在月份上，伤医最常见的发生时间是6—7月，可能的原因是：天气炎热，医患双方心情容易烦躁，患者及家属的愤怒情绪更容易被点燃。与中部和西部地区相比，东部地区报道的伤医事件更多，可能的原因是：经济发达地区患者的维权意识强烈，大众媒体新闻报道的自由度较高。不过，上述基于访谈的诱因解释尚未得到证据支持。

（二）三级甲等医院的急诊科、儿科、外科伤医案频发

伤医事件发生概率最高的是三级医院，尤其是三级甲等医院；二级甲等医院的伤医案报道也相对较多。三级甲等医院是医疗水平最高、医疗资源最集中的医院，也是患者最多、患者需求与医疗资源供应不足矛盾最突出的地方，导致容易发生医患纠纷进而产生伤医行为，从常理上看符合逻辑，也与赵敏等学者调查的结果一致[16]。最常见的伤医科室是急诊科、儿科、外科，具体地点主要表现为门诊、病房和医生办公室。可能的原因是：急诊科患者多为危、急、重症患者，容易发生抢救无效或达不到预期效果的情况，家属难以接受，情绪容易失控；儿科因患者为婴幼儿，表达能力有限，医生需要仔细斟酌确定诊疗方案，过程相对复杂；此外，患儿因年龄小，身体不适易哭闹，有些操作技术要求更高，如患儿血管细，扎针不一定能一次成功，家长心疼孩子，容易情绪失控。门诊和病房易发暴力伤医，可能的原因是：这两个地方是患者和医生接触最多的地方，患者多、医生任务重，很难对每个患者服务周到，容易引发患者的不满。

二、减少暴力伤医事件的建议

（一）对伤医行为的高发科室、高发时间段加强监督与管理

对急诊科、儿科、外科等暴力伤医高发科室医护人员加强防暴知识及医患沟通技巧的培训，让医护人员在面临伤医的紧急情况下能进行有效的自我保护；医院要优化有关事件的处理流程，在危险发生时，医护人员能得到院方及时有效的保护。参照美国职业安全和健康署在 2004 年颁布的《医疗和社会服务工作者防止工作场所暴力指南》：医院大门安装金属探测器，以免有人持凶器入内；设置紧急员工避险房间，保证治疗区有备用出口[17]；此外，医院应在门诊及病房大楼安装门禁系统，禁止患者及其家属携带危险品进入医院，减少恶性伤医事件的发生。对于伤医的高发月份，医院和警务部门更应该加强安保力量和保护措施。

（二）加强对民众文明就医教育，严格执法，严惩伤医凶手

政府应引导民众加强对医学科学知识的认识和掌握，帮助他们逐渐了解医学治疗本身的缺陷性，治疗在很多时候只能缓解症状，并不一定能彻底治疗；引导民众理解医护人员的医疗行为，更好地配合医护人员实施治疗，减少对立情绪，和谐医患关系。建议在九年义务教育中增加医药卫生基本常识的内容，提高民众的医学基本素养，缓解医学科学技术的局限性与患者认知之间的矛盾。医院、公安部门、司法部门等部门应联合起来，严格执法，使打击涉医违法犯罪法治化、常态化。一旦发生伤医行为，医疗机构立即向所在地公安机关报案。接到报案后，公安机关应及时采取措施，维护医院秩序、保护医护人员和其他患者的安全；对于涉嫌犯罪的，及时启动刑事诉讼程序，追究刑事责任，迅速有力地打击犯罪，严惩伤医凶手。

三、讨论

本研究采用的质性数据分析方法较适合于媒体舆情分析，但该方法有两个局限：① 结论带有或然性，这是系统误差。② 过程具有特殊性，质性数据分析的内核是编码，但一般不存在普适的编码体系，需要具体问题具体分析，研

究团队的主观经验、逻辑判断和试错耐心起决定作用，所以信度不能像机器一样稳定，效度也因人而异。关于案例收集，因为媒体报道本身就有价值立场，所以收集的案例并不能保证百分之百的客观真实。当然，收集案例并不是要验证真实。不过，为了保证尽量客观，统计的信息只提取报道相对基础的客观信息，同时，对选取的案例也进行了筛选，凡是表达不严谨的、来源明显不可靠的进行了剔除。

致谢：本研究是与梅姗姗、张新庆合作完成的，在此谨表诚挚谢意。

参考文献

［1］INTERNATIONAL LABOUR OFFICE（ILO），INTERNATIONAL COUNCIL OF NURSING（ICN）. Framework guidelines for addressing work place violence in the health sector［EB/OL］.（2016–02–20）［2017–02–10］. http：//www.who.int/violence_injury_prevention/injury/work9/en/.

［2］JENG–CHENG WU, TAO–HSIN TUNG, PETET Y CHEN, et al. Determinants of workplace violence against clinical physicians in hospitals［J］. J Occup Health, 2015, 57：540–547.

［3］KAYA S, BILGIN DEMIR　I , KARSAVURAN S, et al. Violence Against Doctors and Nurses in Hospitals in Turkey［J］. J Forensic Nurs, 2016, 12（1）：26–34.

［4］RAVEESH B N, LEPPING P, LANKA S V, et al. Patient and visitor violence towards staff on medical and psychiatric wards in India［J］. Asian J Psychiatr, 2015, 13：52–55.

［5］POMPEII L A, SCHOENFISCH A L, LIPSCOMB H J, et al. Physical assault, physical threat, and verbal abuse perpetrated against hospital workers by patients or visitors in six U.S. hospitals［J］. Am J Ind Med, 2015, 58（11）：1194–1204.

［6］ABODUNRIN O L, ADEOYE O A, ADEOMI A A, et al. Prevalence and forms of violence against health care professionals in a South–Western city, Nigeria［J］. Sky.J.Med.Med. Sci, 2014, 2（8）：67–72.

［7］JIN YOUNG LEE, DUK KYUNG KIM, DA WOON JUNG, et al. Analysis of medical disputes regarding chronic pain management in the 2009–2016 period using the Korean society of Anesthesiologist database [J].Korean Journal of Anesthesology, 2017（70）: 189–195.

[8] DANNY J HILLS, CATHERINE M JOYCE, JOHN S HUMPHREYS.A nation Study of workplace aggression in Australian Clinical medical practice [J].MJA, 2012, 197（6）: 336–340.

[9] KUMARALINGAM AMIRTHALINGAM, LLB（Hons）. Medical dispute resolution, patient safety and the doctor–patient relationship [J]. SMJ, 2017（73）: 1–13.

[10] NICOLE LEEPER PIQRERO, ALEX R PIQUERO, JESSICA M CRAIG, et al .Assessing research on workplace violence, 2000–2012 [J]. Agression and Violent Behavior, 2013（18）: 383–394.

[11] AHSEN KAYA, BEYTULLAH KARADAY, MELEK OZLEM KOLSUSAYIN, et al. Violence in the Health Sector and its Properties: A Questionnaire toward Physician Working in the Emergency Departments [J]. JAEM, 2014（13）: 124–130.

[12] 尹秀云, 网络媒体披露暴力伤医事件的伦理分析 [J]. 中国心理卫生杂志, 2016, 30（4）: 241–244.

[13] 张思. 依法治国视域下防治暴力伤医的法律途径 [J]. 中国医院管理, 2015, 35（2）: 62–63.

[14] 杨可, 程文玉, 张婷. 近5年我国法院审理判决的医疗暴力案件分析 [J]. 中国医院管理, 2016, 36（4）: 68–70.

[15] 王亮, 李梅君, 张新庆, 等. 暴力侮辱伤医状况的调查分析 [J]. 医学与哲学, 2014, 39（9）: 47–50.

[16] 赵敏, 姜错明, 杨灵灵, 等. 暴力伤医大数据分析 [J]. 医学与哲学, 2017, 38（1）: 89–93.

[17] 邹新春, 钱庆文, 尹章成, 等. 暴力伤医潮的反思 [J]. 医学与哲学, 2016, 37（5）: 77–79.

第八章

社会舆情监管

——浅谈支持基础研究的科技金融及其监管

第一节 案例研究背景

当前，全球的科技创新资本已经高度集中，一是向企业集中，二是向少数企业集中。最新的中美科工指标统计显示，世界主要经济体的科研资金投入呈现出"国退民进"的总体态势，企业研发投入数量和比例都持续上升，政府投入占比逐年下降[1,2]。与此同时，欧盟统计数据显示全世界公司研发投入总额的90%都已集中在2500家公司中，其中的87%分别分布在美国（39%）、欧盟（26%）、日本（14%）和中国（8%）[3]。虽然统计数据一般有偏差、不可尽信，但全球科技金融的高度集中已是基本事实，这一事实意味着科技金融对创新资源和创新市场的划分也已经基本完成[4]，所有涉及科技创新的研发人员、研发资金、研发设备和研发活动都由少数国家和少数企业掌控。明白了这一现状，就更能深刻认同习近平总书记强调的那句话："关键核心技术是要不来、买不来、讨不来的"[5]。求木之长者，必固其根本。在两院院士大会上，习近平总书记着重指出："我国基础科学研究短板依然突出，企业对基础研究重视不够。"这正好抓住了发展关键核心技术的根本。基础研究对科技创新至关重要，而科技金融对中国基础研究的支持力度还远远不够。因此，如何引导全球科技金融资本流向中国企业、如何引导中国企业投入科技创新尤其是基础研究，就成了新时代国家科技治理的重要课题。本研究尝试从"金融—科技—社会"国家创新体系的角度，探讨支持基础研究的科技金融，通过对舆情的质性数据分析指导金融风险监管，进而引导和监控知识和资本的流动，搭建企业和资本对基础研究的信心。本研究只是初步探讨，恳请专家不吝指正。

一、研究背景和主题

改革开放 40 年，中国科技金融的演化发展经历了国家科技拨款、研发税收减免、科技信贷产品、科技创投基金、科技资本市场、技术产权交易、科技保险、国家自主创新示范区建设等相互交织的阶段[6][7]。科技金融及其监管的理念可以追溯到改革开放之初。1979 年 10 月，邓小平同志提出"要把银行作为发展经济、革新技术的杠杆"。1984 年，国家科学技术委员会科技促进发展研究中心与英国专家合作，就中国高新技术产业的发展问题进行研究，英方专家建议中国要发展高科技产业，就必须发展创业风险投资。1985 年，《中共中央关于科学技术体制改革的决定》中明确要求要"广开经费来源，鼓励部门、企业和社会集团向科学技术投资""银行要积极开展科学技术信贷业务，并对科学技术经费的使用进行监督管理"。以国家科学技术委员会和中国人民银行为依托，国务院正式批准成立了中国第一家风险投资公司。1986 年国务院成立国家自然科学基金委员会并制定《高技术研究发展计划纲要》（又称为"863 计划"）。1988 年，发展高新技术产业的"火炬计划"开始实施。1998 年，中国高新技术产业开发区企业债券发放，标志着政府引导下的中国科技资本市场正式起步。1999 年，第一只科技股在全国发行，随后创业板、中小企业板和"新三板"开始筹备。2006 年，在《国家中长期科学和技术发展规划纲要（2006—2020 年）》公布以后，国家以落实规划纲要及其配套政策为契机，制定了一系列科技金融政策文件，建立了科技部门与金融机构的合作协调机制，初步形成了自上而下的支持自主创新的科技金融政策体系[6]。

国外的科技金融体系对中国有很大的借鉴意义，但由于社会制度不同而不能完全照搬。以美国、日本为例，在国家政策方面，美国 1953 年通过批准《小企业法》、成立中小企业管理局等一系列立法和行政手段，建立和完善其科技金融体系，通过借款、吸收存款和发行债券等方式为中小企业的科技创新提供金融支持[8]；在资本市场方面，1946 年全球第一家风险投资公司在美国诞生，风险投资的项目数额和资金总量逐年不断增长。同时，美国的二板市场发展较好，培育了如苹果、微软、戴尔、英特尔等一大批高科技企业。如今，科技股 FAANG 占标普 500 指数总市值的 1/8[9]。与美国企业主导科技创新的制度不同，日本与中国的科技治理结构更相似，政府的作用更为突出。日本于1948 年设立了中小企业厅，在各地均有分支机构；1999 年修订和颁布了《中小企业法》，通过立法和行政等一系列手段，为中小企业科技信贷提供金融和财政方面的行政和司法保障，以法律形式规定商业性金融与政策性金融的职能边界。日本注重政府引导社会资金向科技型企业流动，为扶持国内高科技产业的发展，专门设立技术振兴贷款制度，为中小企业和有科研潜力的项目设立多个资金库和无抵押风险贷款，积极开发保险和第二柜台交易市场，有效缓解了日本科技型中小企业和尝试使用新技术研发企业的融资问题，形成了较为稳定的政府与企业、政府与银行之间的资金借贷关系[8]。

科技金融一词在文献中最早出现于 1987 年，王志超在《谈谈建立地方科技金融机构的问题》中提出"科学技术是现代生产力中最为活跃的决定性的因素，然而无论是科学技术研究开发，还是科技成果的转让，转化成为现实的生产力，都离不开物化劳动和活劳动的资金投入，科技开发的过程也是资金垫付和增殖的过程。随着商品经济和科学事业的发展，科技与金融结合日益紧密，建立科技金融组织的设想也日益引起人们的广泛重视"[6]。在此之后，科技金融开始被广泛地讨论。张亚光认为，科技金融研究的是新型的、为科技服务的金融机构的运转机制，讨论了如何建立全社会多渠道的科技投入体系及其与金融的关系，怎样建立风险投资机制，优化资金使用结构，提高使用效益等问题，从而为制定向科技倾斜的金融政策提供理论依据[10]；赵昌文等人认为，科技金融是促进科技开发、成果转化和高新技术产业发展的一系列的金融工具、金融制度、金融政策与金融服务的系统性、创新性的安排，是由科学与技术创新活动提供金融资源的政府、企业、市场、社会中介机构等主体及其在科技创新融资活动中的行为活动共同组成的一个体系，是国家科技创新体系和金融体系的重要组成部分[11]；吴莹基本认同赵昌文的定义，但她认为财政体系与金融体系不能混淆在一起，政府为创新型企业提供财政拨款不是科技金融的研究范围；钱志新将科技金融定义为科技型企业融资过程中的融资政策、融资制度、融资工具和融资服务，参与者包括政府、企业、金融机构和中介机构等[12]；房汉廷认为科技金融是科学技术资本化的过程，是科技和发明产业化过程中融资行为的总和，是科技被金融资本孵化为一种财富创造工具的过程[13]；胡苏迪等人认为科技金融是科技创新与金融创新的高度融合，贯穿科技型企业和高新技术企业发展的整个生命周期，提供各项投融资服务与金融政策的组合[14]。

国外对科技金融的理解和探讨更多的是理论模型与实证研究，但在全球化时代背景下，科技金融概念已经没有明显的国内外区别了。现代西方科技金融概念可以追溯到熊彼特1912年将创新与产业集聚发展结合的研究，他认为产业集聚有助于技术创新，技术创新有赖于产业集聚。美国硅谷就是实例，它聚集了大量创新团队、产业群体和风险投资，在很多领域引领世界科技创新发展。2002年，卡洛塔（Carlota）表述了技术创新与金融资本结合的基本范式：新技术在初期发展存在爆炸性增长过程，不确定性高；逐利性特征使风险资本大量快速投资于新技术领域，金融资本与技术创新高度耦合，极大地推动了科学技术发展与财富的积累。卡兰德（Kalanje）从创新的过程特征阐述了如何通过法律来激励创新过程和利用知识产权来获取资金支持[15]。德鲁克（Drucker）将技术创新过程分为创意形成、产品设计、产品形成和市场化等阶段，有利于人们区分不同阶段投资风险[16]。罗希林（Rochlin）指出学术界对技术创新政策出现了综合化、定量化的研究趋势，他主张采用多种研究视角和方法综合研究财政、税收、金融和知识产权保护等政策对技术创新的作用机理和作用效果[17]。

本研究对科技金融的解读是从科技创新，尤其是基础研究的立场出发的：据最新的美国科工指标显示，2015年各科技大国的基础研究占全国研发投入比例，法国24.4%、韩国17.2%、美国16.9%、英国16.9%、印度16%、日本11.9%，中国仅为5.1%，而且自2001年以来长期维持在5%，这一缺钱状态很可能是直接导致关键核心技术短板的重要因素；据 OECD 统计显示[1]，2013 年，各科技大国研发资金中来自海外的数额占总额比例，英国 18.7%，美国、法国、德国将近 10%，而中国未超过 1%，这意味着通过研究科技创新与科技金融来吸引海外科技金融资本，或可为急需输血的中国基础研究带来新的生机。本研究进一步完善科技金融的内涵：科技金融就是通过一切合理合法的手段让资本长期、大量、集中地注入到科技创新活动中。其本质在于政府引导和监管下的双层信用评价体系构建：一方面，通过适当的科技创新评估评价体系或奖励机制对科技创新活动，尤其是基础研究的过程和权益进行设计，树立社会公众对研发的信心；另一方面，通过科技金融监管机制对金融资本，尤其是国际资本对中国企业搞研发进行宣传，树立国际资本对投资中国科技创新的信心。这两层信用构架在同一第三方平台交汇，构成"金融—科技—社会"创新联动信息池，参与者是中国科技工作者（含共同体）、中国政府机构人员、中国的企业家，以及全球科技金融资本家。

二、研究目的和方法

通过上述回顾和探讨，两个重要问题成为本研究的焦点：如何引导和监管全球科技金融投资中国企业？如何引导和监管中国企业投资基础研究？这两个问题实际上直指一件事情，即中国当前科技创新的信用体系，尤其是科技创新信用评价体系中的基础研究信用评价体系需要进一步设计，从而完善中国科技金融风险监管体系。虽然中国人民银行征信中心已于 2006 年初步建成金融信用信息基础数据库，近几年还在不断完善，金融机构在投资时会参考利用该数据库采集科技企业信用信息，进行信用评级和信贷发放的筛选，但是，中国现行金融模式中存在对金融信用评估方法不重视的问题，和发达国家比，在信用采集、信用评级制度及信用信息数据库建设等方面还存在差距[18]。有研究人员建议在科技信贷评估方法上建立并完善银行贷款评价质量和专门的信用评估模型、资产价值评估模型，以适用于科技型中小企业风险特性。

本研究希望探讨改变人们对基础研究产出难、周期长的固有印象的方法，探讨改变基础研究收益难、资金少的恶性循环状态的途径，尝试寻找具有中国特色的、与国际接轨的、容易监管的科技创新评价信用体系构建方法，并由不同于金融家和研发者的第三方将该体系推广应用于中国科技界、金融界和相关行政部门，以期从基础研究中剥离出具有吸引力且监管方便的交易产品，构建资本市场，吸引政府、银行和社会大众长期关注基础研究，并向其源源不断地注入资金，以便巩固中国建设世界科技强国的根基。

在研究方法上，本研究主要探讨支持基础研究的科技金融及监管，核心概念包括科技评价、科研诚信、金融信用、社会舆情监管等，其中国家引导的科技评价是核心，也是搭建科技创新与金融监管的桥梁。科技创新评价是一个混合概念，包含科学、技术、创新和评价多个概念[19]，技术创新基于科学研究，而科学本质上是社会构建的[20]。因此，科技创新评价是社会构建过程，离不开舆论导向和监督，是国家创新体系的重要组成部分，这也与引导社会资本投向科技创新尤其是基础研究并行不悖。在各种舆情研究中，若要高效地从大量非结构化舆情信息中提取编码信息并开展聚类、交叉、词频等统计分析，质性数据分析是很好的选择[21]。本研究以科技创新评价为手段，基于对社会舆情的质性数据分析，对科技创新提出一套探讨性研究框架，为科技金融风险监管提供参考。

第二节　科技金融风险监管

一、科技创新舆情体系构建

在现有科技企业信用评价评级的基础上建立科技创新信用体系，应着眼于规范科技活动参与者的行为，通过公开渠道让全社会对科技工作者活动进行监管，引导科技创新的社会舆情。目前，个人、企业和机构的信用信息主要来自商业活动，如借贷活动和合同的签订与执行，在这些活动中的违约行为就是失信。但是，科技创新的信用有所不同，科技企业的信用信息除了通常来自商业活动，科技人员的个人信用和评估机构的评估信用并不全部来源于商业活动，其失信行为比较隐蔽，难以度量[18]。学术领域的信用问题也早已引起了社会的关注：2007 年，科技部专门设立科研诚信建设办公室，负责科研诚信建设；2009 年，中国工程院副院长曾建议将学术造假记入信用档案；2011 年，中国科协也规划在"十二五"期间设立学术信用档案。但至今国内未建立统一、完整的学术信用记录系统。正由于缺乏个人学术信用信息，社会各界对学术信用问题的监控和处罚缺乏力度和依据[22]。如科技人员的研究成果的抄袭、非法转让行为，科技评估机构的不尽职评估或违反职业道德的虚假评估行为[18]，这些行为所造成的危害和影响是巨大的，会严重影响科技创新和科技金融活动的开展。

在移动互联网和区块链技术发展壮大的今天，实现科技创新舆情评价和监管的手段和渠道可以多样化、高效化，但核心评价内容应当以人为本，即以科技工作者的科技创新信用为本，如此才能对商业信用体系进行适当补充。一般来讲，考察一位科技工作者创新活动的信用有很多指标，但最主要的可以大致分为 4 方面：个人层面的科研及学术诚信（学者认可）、获得机构和国家层面的资助项目和奖项（组织认可）、社会层面的公众评价（百姓认可），以及其他能够积累科技创新信用的方面（其他认可）。

（1）学者认可。科研及学术诚信有两个重要指标：抄袭剽窃和弄虚作假（伪造、篡改）[23]。由于这类信用的认定需要专家知识和综合判定，再加上其中的主观因素很多，为方便研讨，本研究只以此两点为主要指标，暂不考虑那些认定时争议比较大的指标，如重复发表（一稿多发）、挂名、拆分发表、违反伦理等[22]。

（2）组织认可。获得机构和国家层面的项目和奖项属于正面激励性质的科技创新信用指标，也应该纳入评价体系，例如国家自然科学基金、国家社会科学基金的获得与完成情况，获得科技类奖励、荣誉称号、响应科技政策倡议，等等。其中，支持基础研究的自科基金架起了科学发展和科学文化建设的桥梁，对创新文化和社会风气培育非常重要[24]，可以将国家自然科学基金每年支持的项目作为重要指标指导科技创新评价。例如，可以从每年国家支持的国家自然科学基金项目中遴选出基础研究的重点领域和方向，建立近 10 年的基础研究支持库，对该领域出现频次进行质性数据分析，进而排名、分类提炼出

10年间国家重点支持的领域和方向，用这一排名信息来表征国家层面认可和支持的基础研究。

（3）百姓认可。社会层面的公众评价可能需要区别主流和非主流、官方和非官方评价，这类舆情的研究一般可以通过文本搜索、收集、分析和挖掘工具进行[25]，通过爬虫程序收集典型主流和非主流媒体的新闻信息，例如《人民日报》《科技日报》、新浪微博大V、知名微信公众号等。

（4）其他认可。有些科技创新信用还无法用适当的方法做出评判，例如评价科技工作者的精神信仰、道德品质、伦理信条、国际影响力、社会亲和力、科普贡献度，以及研究方案的原创性、颠覆性[26]，等等。这里面有些指标可能不符合当下的情况，但随着国家、社会和科技的发展，总会出现新颖的、或正面或负面的评价方法来评估科技工作者的科技创新信用。

综上，科技创新舆情信息体系的构建框架如图 8.1 所示。

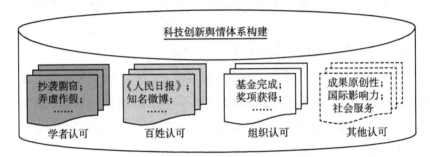

图 8.1　科技创新舆情体系构建

科技创新评价虽然是以科技工作者为核心，但实际上是对与科技创新有关的人、钱、物信息等要素的综合评价，涉及学科共同体、学术圈、企业高校和科研院所、国家支持的科技发展领域和产业、国际科研竞争形势、社会科技创新环境、民族文化等多方面和多层次。虽然这一问题很复杂，但简单说，从科技金融角度看科技创新活动评价，只需要问一句话：你愿不愿意投资给这项科技创新活动？很简单的问答。只有在现有商业信用评价基础上，综合考察和评价多方面信息，才能相对全面地得到评价结果。当然，科技金融的实施方式是多样的，这就涉及下文要讨论的科技金融监管体系构建问题。

二、科技金融监管体系构建

科技金融监管重在设计一种引导机制，而引导科技与金融结合的关键在于科技创新人、财、物的资本化，使科技资源和未来收入变为现实社会财富[27]。一些全球顶级私人股本公司已经建立大型投资工具，对中国的科技行业开展投资，引导知识和资本流向中国的科技创新活动，并得到了中国国企的关注和认同[28]。即便如此，研究中国科技金融并不一定要以中国企业为主体，因为从数量上看，在全球 2500 家研发实力雄厚的公司中，中国只有 376 家，仅占比 8%；从质量上看，在 2018 年世界 500 强企业中，以科技含量较多的 IT 企业为例，美国入榜企业利润是中国企业的 3.2 倍，不仅具有核心技术和产品科技硬实力，而且具备吸纳、整合全球最优资源和引领全球价值链的创新管理软能力，从而长期占据全球价值链的上游[29]。国际资本青睐中国企业还需要经历一个时间过程，中国企业吸引资本的能力还不足以支撑科技创新。因此，科技金融研究的对象不一定在中国企业，而很可能在政府和社会大环境——若想让国际金融家给中国的科技创新长期而集中的投资，则应研究中国政府出台什么科技政策、设计哪些资本引导和监管工具、研究科技创新政策造成的社会舆论影响力，以及政策及其社会影响力带给中国社会和国际资本的价值判断和行为引导。一般来讲，政策研究的核心还是人，科技金融也应以人为本，可以从 4 方面进行政策设计（图 8.2）。

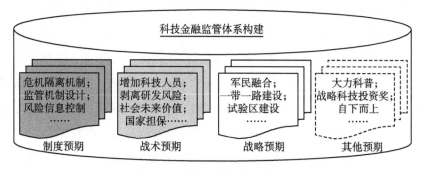

图 8.2 科技金融监管体系构建

（1）制度预期。在党的十九大会议上，习近平总书记明确提出要"守住不发生系统性金融风险的底线"[30]。守住不发生系统性金融风险的底线，最重要的是时刻保持对金融资本的戒心，在洞察金融资本的贪婪性、寄生性和侵略性本质的基础上，从科技金融社会舆情中提炼出质性数据，进而量化辨别、采集和分析科技创新信用和风险，透过科技创新现象把握科技创新的本质，透过科技金融现象把握科技资本的本质，明确风险监管责任人和多头监管制度，牢固树立科技创新是为中国特色社会主义事业发展服务的宗旨，设置审慎的科技金融服务和产品，设置科技金融危机隔离机制[31]，达到治于未病、见于未萌的国家金融安全顶层战略目的。

（2）战术预期。提高国家科技创新供给力度，继续引导更多科技工作者加入到科技创新，尤其是基础研究工作中[32]。同时，大幅度提高目前的基础研究占国家科技投入的比例，用国家资本引流社会资本，让资本洪流注入到基础研究活动中；构建更成熟发达的资本市场[33]，搭建公私科技投融资市场，拆分基础研究工作中不确定性高的科研试验工作内容，适当剥离基础研究工作中的所有权与收益权，增加资本化的科技创新活动的流动性，设计期货类科研投资证券产品；探索基础研究的未来社会价值属性和衍生品市场[34, 35]，例如，更系统地开发国家科技创新担保机制，平抑科技创新失败风险，适当设置创新试错型金融产品，提高中国基础研究投资回报率预期，增加投资风险对冲空间，并通过质性数据及时发现、引导和监管舆情风险。

（3）战略预期。中国迈上新时代高质量发展道路，就意味着科技创新必须助力产业结构升级，拓展高附加值产品服务市场，在三期叠加（增长速度换档期、结构调整阵痛期、前期刺激政策消化期）、稳杠杆调汇率、中美贸易战升级等大背景下，中国科技界需要坚定树立自主创新的决心，坚定不移地将人财物资源大量、稳定、集中地投入到短板、"卡脖子"领域，听党指挥，围绕人类命运共同体构建、"一带一路"建设、科技创新试验区建设等政策大力发展中国科技金融事业，构筑科技金融"大坝"，储蓄科技创新资源。

（4）其他预期。充分发挥社会主义制度的优越性，大力发展科普事业，一代接一代地培养中国人对科技创新的好奇心和勇气，构筑全社会的科技创新氛围，培养全民族对科技创新的热爱，纠正传统文化中不重视科技创新人才的积弊，尤其是为关注数学、逻辑学、语言学、法理学等基础研究的投资人设立战略性科技投资人奖项，更高效地引导和监督社会上与科技创新活动相关的舆论；更充分发挥市场对科技创新资源的配置功能，鼓励掀起自下而上的全社会科技创新热潮。

综上，中国科技金融引导和监管体系构建的核心是科技金融政策设计。围绕科技工作者、科创投资人、风险监管人的心态，政府要充分发挥引导和监管职能，让全社会形成有利于科技创新，尤其是基础研究的科技金融舆论环境。研发资源和创新环境作为物质基础，决定着科技创造力这一上层建筑；科技金融引导监管的上层管理，深刻影响着科技创新活动本身及其成果产出。因此，构建一套具有中国特色的、与国际接轨的、监管便利的科技金融体系对中国的科技创新至关重要，具有战略意义。在分析了科技创新舆情和科技金融监管政策后，舆情之间的交汇联动就呼之欲出了。

三、知识和资本联动池构建

国家创新体系理论认为，知识的流转是创新的关键，决定知识循环流转的原因正是与创新相关的各个利益主体之间的相互作用[36]。在这一视角下，创新是对流动性的依赖，这也是资本的生命力之所在。结合上文探讨的"认可"和"预期"两个体系，一个由知识流和资本流交汇联动的创新信息池便呈现出来（图8.3）。其主体就是"金融—科技—社会"创新舆情的聚合，在其中收集整理质性数据，并通过交叉分析，就能够挖掘知识流和资本流互动的相关规律。这一方案或可为监管科技金融风险、引导研发投资，甚至扩大消费升级内需市场提供支撑和参考。在具体实践中，可以找到不同于科技创新和科技金融的第三方，引导和监管这"两翼"协同为科技创新服务，形成科技资源高度长期集中、高效配置、创新社会预期可控、金融风险有效监管、科技创新信心充沛的良性循环的国家创新体系。在这一信息池中，如何围绕科技创新与科技金融的舆情进行质性数据编码和统计分析将是下一步研究和实践的主要内容，本研究先提出思路和框架，仅供参考。

图8.3 "金融—科技—社会"创新联动信息池

第三节 讨论与结语

本研究尝试探讨了支持基础研究的科技金融及其监管问题。以往的研究多从科技与金融、科技与社会或者社会与金融角度出发，通盘考虑三者的研究相对较少。本研究将科技舆情和科技金融紧密结合，希望借助搭建科研诚信、科技创新评价与金融信用体系之间的桥梁，来引导和监管社会资本集中且长期地投入科技创新活动。这一构想以金融、科技与社会的信息融合为特点，主张国家创新系统对整个信息池中知识流和资本流的引导与管控。

本研究仅提出了探讨性理论框架，跟实际情况尚有一定距离，具体细节还需进一步研究。例如，在概念界定方面，下一步要探讨科技政策与金融政策的区分与结合问题；在舆情的质性数据分析方面，下一步的研究将包括基础研究的舆情调查、舆情交叉数据库的建设、基础研究信用信息的公开与保护、长期研发投资焦虑管控、研发与投资信息不对称等问题；在科技创新和科技金融政策设计方面，下一步将分别探讨科技政策在金融领域的间接性和金融政策在科技创新中的间接性，探讨科技企业跟随模仿策略、国家科普政策、基础教育政策、创新收益再次分配政策、全球货币政策、国家五年规划等对基础研究和科技金融的影响。当然，在强调科技创新重要性的同时，也要探讨科技创新在中国更充分、更平衡发展中的角色和作用，科技金融对科技创新的基础性促进作用应当围绕国家整体发展的长远目标进行。同时，虽然基础研究是根本性的、战略性的，需要政策倾斜，但也要采取灵活审慎的态度，不能偏废应用研究、试验开发、颠覆性技术研究等科技创新活动。

习近平总书记指出："我国基础科学研究短板依然突出，企业对基础研究重视不够。"这是摆在每个中国人面前的现实问题。要改变人们对基础研究产出难、周期长的固有印象，改变基础研究收益难、资金少的恶性循环状态，需要整体考虑"金融—科技—社会"国家创新体系建设，从科技创新评价、科技金融、社会舆情和政策设计等方面探讨解决方案。本研究探讨了支持基础研究的科技金融及其监管，希望搭建科研诚信、创新评价与金融信用之间的桥梁，巩固企业和资本对中国科技创新活动，尤其是基础研究的信心，以期构建具有中国特色的、支持基础研究的科技金融及其监管体系，吸引全球科技金融青睐中国企业、鼓励中国企业热衷基础研究，引全球金融之水浇灌华夏科技大地，让创新之花在神州科技沃土上四季绽放。

致谢：本研究是与操群、刘湾等合作完成的，在此谨表诚挚谢意。

参考文献

［1］中国科协创新战略研究院. 中国科学技术与工程指标［M］. 北京：清华大学出版社，2018：131-134.

［2］National Science Board of National Science Fundation. Science & Engineering Indicators 2018：Chapter 4，12-15.［EB/OL］.（2018-01-31）［2018-07-19］. https：//www. nsf.gov/statistics/2018/nsb20181//report.

［3］IRI. The 2017 EU Industrial R&D Investment Scoreboard［EB/OL］.（2016-11-14）［2018-07-25］. http：//iri.jrc.ec.europa.eu/scoreboard.html.

［4］列宁. 帝国主义是资本主义的最高阶段［M］. 北京：人民出版社，2014，12：65-106.

［5］习近平. 在中国科学院第十九次院士大会、中国工程院第十四次院士大会上的讲话.［EB/OL］.（2018-05-28）［2018-07-25］. http：//www.gov.cn/xinwen/2018-05/28/content_5294322.htm.

［6］吴莹. 中国科技金融的体系构建与政策选择［D］. 武汉：武汉大学，2010.

［7］李喜梅，邹克. 科技金融内涵探讨及政策建议［J］. 金融理论与实践，2018（3）：

1-8.

［8］马卫刚. 兵团科技金融发展模式研究［D］. 石河子：石河子大学，2014.

［9］FT 中文网. FT 社评：科技股过山车行情值不值得忧虑？［EB/OL］.（2018-08-03）
　　　［2018-08-03］. http：//www.ftchinese.com/premium/001078778? exclusive.

［10］张亚光. 中国科技金融学［M］. 昆明：云南教育出版社，1996.

［11］赵昌文，陈春发，唐英凯. 科技金融［M］. 北京：科学出版社，2009.

［12］钱志新. 产业金融［M］. 南京：江苏人民出版社，2010.

［13］房汉廷. 关于科技金融理论、实践和政策的思考［J］. 中国科技论坛，2010（11）：
　　　5-10.

［14］胡苏迪，蒋伏心. 科技金融理论研究的进展及其政策含义［J］. 科技与经济，
　　　2012，25（3）：61-65.

［15］KALANJE C M. Role of intellectual property in innovation and new product development
　　　［EB/OL］.（2005-03-01）［2018-07-30］. http：//www.wipo.int/sme/en/documents/ip_
　　　innovation_development_fulltext.html.

［16］DRUCKER P. Intellectual property，innovation and new product development［J］.
　　　WIPO Magazine，2005（4）：6-9.

［17］ROCHLIN D. Hunter or hunted? Technology，innovation，and competitive strategy［M］.
　　　Mason，OH：Thomson Higher Education，2006.

［18］杨刚. 科技与金融相结合的机制与对策研究［D］. 吉林：吉林大学，2006.

［19］李政，罗晖，李正风，等. 基于突变理论的科技评价方法初探［J］. 科研管理，
　　　2017（S1）：193-200.

［20］李正风. 科学的政治化与科学的民主化［J］. 科学与社会，2015，5（4）：115-
　　　118.

［21］李政，罗晖，李正风，等. 基于质性数据分析的中美创新政策比较研究［J］. 中国
　　　软科学，2018，4：18-30.

［22］尹闯，黎贞崇. 基于学术不端检测系统构建作者信用档案的设想［J］. 编辑学报，
　　　2015，27（1）：50-52.

［23］赵延东，邓大胜. 科技工作者如何看学术不端行为——问卷调查的结果［J］. 科研
　　　管理，2018，33（8）：90-97.

［24］陈首珠，李正风. 科学基金促进科学文化建设的若干思考［J］. 中国科学基金，
　　　2017（1）：100-104.

［25］ZHANG H，XU S，WANG Z，et al. Text and data mining of social media in science and technology publicity［C］. Portland International Conference on Management of Engineering and Technology（PICMET），2017：1-7. IEEE，2017.

［26］李政，周少丹，石磊，等. ImPACT 计划中创新人才心理维度的质性数据分析［J］. 科研管理，2018（S1）：179-188.

［27］马红. 科技与金融结合的研究［D］. 成都：西南财经大学，2013.

［28］FT 中文网译文. 中国招商局集团拟与软银愿景基金角逐科技投资［EB/OL］.（2018-07-12）［2018-08-03］. http：//m.ftchinese.com/story/001078445?archive.

［29］王志乐. 中国企业数量稳居《财富》世界 500 强第二位，合规却成最大软肋［EB/OL］.（2018-07-19）［2018-08-03］. http：//www.fortunechina.com/fortune500/c/2018-07/19/content_311015.htm.

［30］人民网. 习近平在中国共产党第十九次全国代表大会上的报告［EB/OL］.（2017-10-28）［2018-06-20］. http：//cpc.people.com.cn/n1/2017/1028/c64094-29613660.html.

［31］伍巧芳. 美国金融监管改革及其借鉴——以次贷危机为背景［D］. 上海：华东政法大学，2012.

［32］张明妍，刘馨阳，邓大胜. 中美科技人力资源规模与结构比较研究［J］. 全球科技经济瞭望，2017，32（1）：32-39.

［33］TADESSE S. Financial architecture and economic performance：international evidence［J］. Journal of Financial Intermediation，2002，11（4）：429-454.

［34］丁大尉，李正风，高璐. 后金融危机时代国外基础科学研究政策的战略转向及启示［J］. 中国软科学，2015（2）：65-73.

［35］巴曙松，尹煜. 金融衍生品的国际监管改革及其借鉴［J］. 河北经贸大学学报，2011，32（6）：5-13.

［36］封凯栋. 源头性技术创新与国家创新系统［J］. 中国科技论坛，2013（3）：5-9.

第九章

组织特征对比

——中国科技领域学会联合体的结构和功能之刍议

第一节 研究背景：学会联合体简介

当今之时代，全球科学技术迅猛发展，新学科不断兴起，新学会也不断涌现。与此同时，学科边界逐渐模糊，学科细分变得过细过小，新兴学会规模往往较小，科技资源比较分散，碎片化现象日趋突出[1]。如何通过引导多学科、多领域交叉融合来促进科技创新突破，俨然成为新时代中国科技体制改革面临的重要挑战。在这样的时代背景下，由中国科协协调统筹，以学会为基础，联合高校、科研机构、企业和政府部门等社会各类组织共同建立起来的"学会联合体"应运而生，并在协同创新和跨学科融合等方面先行一步。本研究收集整理了中国科协关于已成立的 6 个学会联合体的报道材料，运用质性数据分析方法进行案例分析，尝试探讨学会联合体这一新型社会组织的结构特征，浅析其在学术交流、科学传播、成果扩散和社会治理等方面发挥的作用。

当今，创新过程各环节并行化，创新资源集成化，创新主体协同化，创新知识流的跨学科跨领域交叉融合形成复杂创新网络，已成为新时代科学发现、技术突破的显著特征和基本要求[2,3]。为了适应这一时代要求，高校大学、科研机构、企事业单位、政府部门、学会社团等国家创新体系中的诸多创新组织单元正在更大范围内、以更高的效率获得创新资源，具体表现为学科的融合新建、机构的合并重组、社团的联合协作、科技政策的重新设计，等等[4]。其中，科技社团联合——尤其是全国学会的联合协作，与其他几种组织的协同方式相比，具有更高的灵活性和适应性，具有跨学科、跨地域、跨产业、跨机构的结构和功能优势，可以联合起政产学研群（政府、产业、学校、科研、群团）各股社会力量开展高度交叉融合的协同创新，是一种极具生命力和创造力的新型组织模式[5]。

中国科技领域的学会联合体，是指由两个或两个以上独立的学会、协会、研究会（以下简称学会）等科技社团联合形成的组织，也可以包括政府部门、高校、企事业单位、科研院所等各类组织和团体。这些独立法人组织通过某种形式的联系和沟通，实现信息、人员、设备、资源的互通、共享、协同、合作，以一个或多个相互认可的组织制度、结构和方式，来实现相互协作，达成跨学科的学术研究、产业发展、教育培训、科学决策等共同目标。学会联合体是一种学会合作模式，联合体自身与单个学会成员之间基本不存在利益和业务重叠，保证了学会固有的合法权益，同时创建了学科与人才之间的互动协同、资源共享的长效机制。这种联合体的组织模式始于2015年，由中国科协统筹协调组建[6]，它既不同于传统的以某一专门学科或一个大学科领域为基础结构的学会联合组织，如美国物理联合会[7]、中华医学会；也与现有的科技类社团、协会，如美国科学促进会[8]、中国科协[9]，在社会影响力方面有很大不同；同时，还比行业联合会、商会具备更多的学术科研和科普特色；它是通过与学科交叉、领域交织的社会各类组织形成联系与合作。学会作为跨部门、跨学科组织，有能力也有基础促进协同创新，表现在组织创新上，就是成立学会联合体。学会联合体是科技社团的一次重大的组织和制度创新，该模式正在中国发展壮大。区别于中国目前现有的产业界、教育界的联合体，学会联合体是中国科协统筹协调、学会自发组建的、连接政产学研群各领域力量的组织，主要是在创新链的上游发挥作用，由学科相近的学会自愿联合，组建非法人的学会联合体，开展学术交流、科学传播、决策咨询、成果扩散等活动，促进学科交叉和协同创新。

促成学会联合体这一组织创新的原因有很多，其中重要的原因，是当前的新一轮科技和产业变革与前几次相比呈现出一系列新的特点，信息、生命、材料、物质等基础科学和应用技术的交叉融合，不断催生新的学科和技术前沿，相互之间的边界也日益模糊，学会的发展面临全新的挑战[10]。如果学会还是按照以往细分学科来组织管理、"线性"发展的话，容易出现新成立的学会规模较小，科技资源分散，不利于在大的学科领域促进学科发展和集成创新。与此同时，新时代的中国在全面深化改革的要求下，学会作为第三方社会组织，在承担社会化公共服务职能等领域面临更多的任务和职责，学科分类过细、过小的学会在承担和提供公共服务产品时，往往力不从心，产品也缺乏竞争力。学会内、外的变革力量都促使学会不得不选择全新的组织形式，选择新颖的制度模式——联合那些原本以学科为基础的学会，用协同创新的理念开展交叉学科的政产学研群合作，组成形式多样的学会联合体。学会联合体能够把不同领域的学者聚集起来开展学术交流，是促进学科交叉的良好渠道。此外，联合体通过开展科学普及活动，让新生的研究人员、工厂的技术人员和普通大众对科技领域的发展更为关注，可以厚植科学发展的土壤，促进相关技术的快速应用。

成立联合体的倡议得到众多学会的响应。目前，生命科学学会联合体、信息科技学会联合体、智能制造学会联合体、清洁能源学会联合体、先进材料学会联合体、生态环境产学联合体等学会联合体已经成立，成为构建学会联合体的先遣队，是研究中国科技社团在新时代发挥全新作用的良好标本。

第二节 学会联合体的结构与功能

一、研究理论与假设

从现象上看不难发现，学会联合体的组织结构并非层级明晰的金字塔模式，也不是扁平化的管理模式，它更接近于一种举办学术会议、组织社交活动，以及开展多方课题合作的项目管理模式。组成学会联合体的机构和个人在联合体开展活动时彼此联系较多，而在没有明确活动时联系则比较微弱。这一现象与网络理论研究的对象比较吻合。因此，本研究运用网络理论作为研究假设，尝试探讨剖析学会联合体的学术思路。

网络理论一般是指对包含节点、路径（连接）等具体网络形态的事物进行数学抽象和建模，进而分析网络结构和功能的一般规律[11]。从哲学和历史的角度看，网络思想有两个根源，一个是万物相连、相生相克的演化思想，"道生一、一生二、二生三、三生万物""人法地、地法天、天法道、道法自然"就是这类思想；另一个是，整体高于局部、系统大于单元的思想，"人是社会关系的总和"，系统科学强调的都是这类思想。从数学和科学的角度看，网络和几何学、图论、拓扑学一脉相承，现代互联网技术、社会治理、组织管理等离不开网络理论。组成每个联合体的机构和个人都是一个节点，节点之间的互动就是连接。因此，在认知学会共同体的组织形态时，网络理论可以提供一个较为成熟的学理视角。

从社会学的研究角度看，社会网络理论提出弱联系比强联系（一般是指机构或个体间基于更加明确、细致和长期目标任务的相互关系）更能促进信息的流通和资源的获取[12-14]。该观点或有助于理解学会联合体松散组织形态和高度复杂的信息交融功能之间的矛盾；复杂网络理论讨论的小世界网络、无标度网络、网络涌现等理论成果也对研究高学术化、跨学科、跨机构的学会联合体组织管理具有借鉴参考价值[11, 15]；在探讨学会联合体与其他社交网络不同的新功能方面，神经网络理论强调的"学习和创新源于联结的形成和变化"或具启发意义[16]；此外，学会联合体之间的组成结构差异、联合体在国家科技创新生态系统中同其他组织之间的协同互动，也是认知学会联合体的一个更宏观的网络框架，这也是本研究选择的切入点。

鉴于目前学界对学会联合体的研究较少，各联合体成立时间较短、案例较少，本研究假设：学会联合体发挥作用的途径和具体的功能同现有的科技社团类似，途径上主要包括：学会联合体同大学科研机构、社会大众、政策制定者，以及企业的联系和互动；相应地，功能上主要包括：一是学术交流，即通过与大学、科研机构等开展学术交流活动，活跃学术思想，促进学科发展；二是科学传播，即通过向社会大众开展科学普及活动，弘扬科学精神，普及科学知识，推广科学技术，传播科学思想和科学方法，提高全民科学素质；三是决策咨询，即通过向政策制定者就重大政策问题提供决策咨询，辅助政府进行科学决策；四是成果扩散，即通过向企业进行科技成果转化，直接服务产业发展和企业创新。基于此，本研究构建理论框架如图9.1所示。

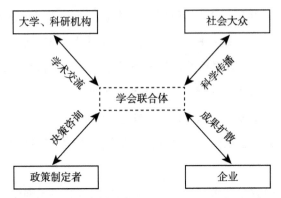

图 9.1　本研究的理论假设：学会联合体的功能构架

本研究假设，基于不同学会成立的学会联合体在上述4方面的作用强度不同。具体来看，偏重于基础研究的学会联合体在学术交流和科学传播工作方面具有更强的影响力和更高的活动频次；偏重于应用研究的学会联合体在学术交流和科学传播之外，在产业发展和辅助决策方面更具有影响力。基于上述理论构架和假设，本研究将利用质性数据分析方法，对6个学会联合体的结构和功能进行分析。研究旨在通过质性数据分析，展示学会联合体的内部结构和当前发挥功能的主要方面。

二、研究方法及资料

本研究在研究学会联合体相关文本材料时，引入质性数据分析方法，以便从与学会联合体有关的公开专题报道中提炼、归纳学会联合体的组织结构特征和功能特征[17-20]。中国科协作为中国科技社团相关事务的协调管理部门，其网站上报道的学会联合体成立、组成、运行、人员、宗旨、组织架构、合作案例等新闻信息具有较强的真实性和可靠性，是研究学会联合体的相对权威的公开资料[21]。本研究收集2016年7月至2018年6月的公开资料，得到相关报道共 36 篇[21]。本研究将所有材料按 6 个学会联合体分类整理，得到两类材料：一类是关于学会联合体组织简介的文本研究件，即组织简介类文本；另一类是关于学会联合体活动情况的文本研究件，即活动情况类文本。将联合体按成立的先后顺序排列，分别为：生命科学学会联合体（2015 年 10 月 15 日）[22]、清洁能源学会联合体（2016 年 6 月 28 日）[23]、信息科技学会联合体（2016 年 7 月 13 日）[24]、智能制造学会联合体（2016 年 12 月 24 日）[25]、先进材料学会联合体（2017 年 6 月 23 日）[26] 和生态环境产学联合体（2019 年 9 月 26 日）[27]。将两类文件导入 NVivo 软件，开展基于质性数据的学会联合体比较研究。

第三节　研究结果与验证

一、学会联合体的组织结构分析

对组织简介类文本中提到的所有机构进行编码，本研究分析了 6 个学会联合体的组成成分。这里的机构包括发起联合会的学会，以及理事会、顾问组、专家委员会等联合会成员的来源机构。编码结果显示，这 6 个学会联合体共涉及 218 个机构，包括 71 家学会协会研究会、55 个科研院所及中心、53 所高校大学、34 家企业，以及 5 个其他机构（政府机关、事业单位和非学会类社会团体等）。通过对 218 个机构与 6 个学会联合体的交叉分析，本研究得到 5 类机构在 6 个学会联合体中的分布情况（占比和数量），即学会联合体的组织结构（图 9.2 和图 9.3）。

组织简介类文本的质性数据揭示了各个学会联合体的组织结构，即 5 类机构在各个学会联合体中的占比分布情况。就某一联合体而言，机构类别占比反映了该联合体的结构成分，如生命科学学会联合体完全由学会、协会、研究会组成；而清洁能源学会联合体的主要构成机构是高校大学，占比为 40.32%。就全部联合体而言，高校、科研院所和学会的数量较多，企业的总体数量较少。

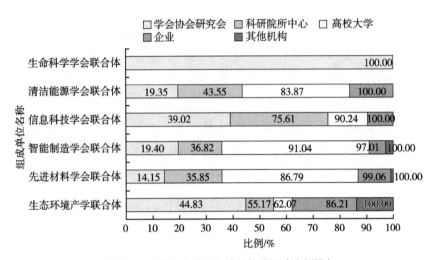

图 9.2　学会联合体的组成结构分析（比例图）

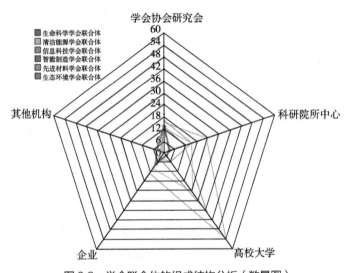

图 9.3　学会联合体的组成结构分析（数量图）

二、学会联合体的功能分析

对关于学会联合体活动情况的文本研究件运行"词频查询"，本研究得到词语云和词频列表（图 9.4）。其中，字号更大的词表示出现频次更多，反之则更少。同时，高频词占全文关键词总数的加权百分比也高[11]。前 20 位高频词从高到低排列分别为：学会、联合体、科技、科协、院士、委员、大学、智能、技术、制造、发展、能源、理事长、科学、国家、教授、材料、创新、实验室和工程。这些高频词从话语表述的角度反映了学会联合的行为主体和行为特征，亦即学会联合体的公共话语构建特征。例如，学会、院士、大学、教授等构成了学会联合体的行为主体，其中包含众多院士、教授、研究员等高水平科技人才；联合体、委员、智能、能源、理事长、创新等话语构成了其联合体组织行为特征。

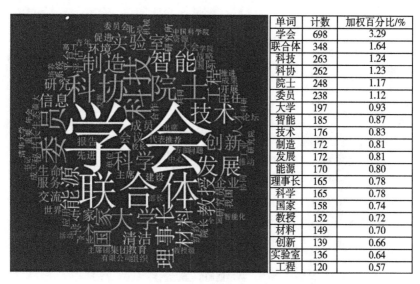

单词	计数	加权百分比/%
学会	698	3.29
联合体	348	1.64
科技	263	1.24
科协	262	1.23
院士	248	1.17
委员	238	1.12
大学	197	0.93
智能	185	0.87
技术	176	0.83
制造	172	0.81
发展	172	0.81
能源	170	0.80
理事长	165	0.78
科学	165	0.78
国家	158	0.74
教授	152	0.72
材料	149	0.70
创新	139	0.66
实验室	136	0.64
工程	120	0.57

图9.4 学会联合体报道话语的词云图及高频词统计

本研究对活动情况类文本进行学会联合体的功能编码，按照本研究第三部分的假设，学会联合体基本功能包括4个，分别为：学术交流、科学传播、决策咨询和成果扩散。例如，关于智能制造学会联合体的报道中提到"专家委员会将为联合体开展与智能制造领域相关的国家战略、科技发展、产业政策等方面的前瞻性决策咨询研究和重大政策制定的评估评价工作提供专家建议"，此处便被编码为"决策咨询"；"专家委员会的代表表示，将全力支持联合体今后开展的工作，希望联合体在提升全民科学素质、促进国际交流合作方面等发挥更多积极作用"则被编码为"学术交流"和"科学传播"。四类编码存在相互重叠，这是因为虽然能大体上从这4个维度划分学会联合体的职责功能，但这也只是为研究方便起见的人为划分，联合体本身行为特征的复杂性也决定了其功能之间界限具有一定模糊性。如此，本研究完成对6个学会联合体功能的编码，进而开展交叉比较分析。如图9.5所示，学会联合体和4个功能构成平面的两个维度，柱体的高度是编码参考点出现次数，即公开报道材料中描述某个学会联合体的某一功能的话语的数量。例如，图中最高柱体为156，表示报道中提到智能制造学会联合体的科学传播功能的次数为156次。

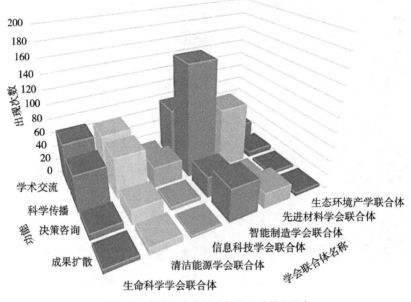

图9.5　学会联合体的功能分析（数量图）

图9.6显示4个功能在各学会联合体的比例分布，各联合体的功能侧重在质性数据分析中一目了然。就某一联合体而言，生态环境产学联合体的学术交流功能占主导，而其他几个联合体的科学传播功能相当显著；就全部联合体而言，学术交流和科学传播两者所占比例远超决策咨询和成果扩散。

三、验证

本研究收集整理了部分学会联合体的工作总结，对生命科学学会联合体、信息科技学会联合体和智能制造学会联合体3个学会联合体的总结材料进行了质性数据分析，以检查上述通过研究媒体报道得出的结论。分析工作总结的框

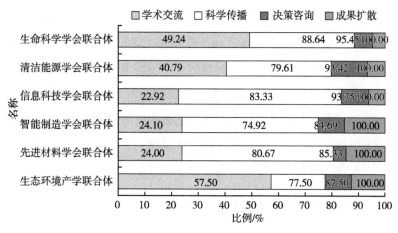

图 9.6　学会联合体的功能分析（比例图）

架主要包括学会联合体对自身现阶段发展状况、对自身组织特点，以及未来发展计划的表述。研究发现，生命科学学会联合体、信息科技学会联合体和智能制造学会联合体的功能分布比例基本同媒体报道的分布情况总体上一致，但信息科技学会联合体和智能制造学会联合体在工作总结中强调学术交流的内容（分别为 42% 和 29%）比媒体报道的要多（分别为 23% 和 24%）。此外，信息科技学会联合体的工作总结认为其科学传播功能达到 61%，而其在媒体报道材料中只占 42%；智能制造学会联合体的工作总结认为其科学传播功能达到54%，其在媒体报道材料中占 50%。诚然，学会联合体内部的工作总结材料的内容与媒体报道材料的内容在某种程度上带有相关性，如工作总结可能会参考一些公开报道材料，今后的验证工作希望引入更多其他材料，比如对学会联合体多位工作人员的问卷调查、第三方提供的联合体绩效评估等。

第四节　讨　　论

一、学会联合体的发展阶段

从学会联合体相关的高频词来看，当前中国的学会联合体似乎仍然呈现出一种发展初期的特征。从关键词来看，联合体发起机构的原生特征出现频次很高，比如大学、院士、实验室等；从所涉领域来看，大学科特征也较为明显，比如智能、技术、制造、能源等。目前的行为特征也尚限于促进性的和推动性的，深入学科内部的探讨或就某个交叉学科问题而出现的关键词出现频次较少。学会联合体是否会就相关综合性学科问题和技术问题开展活动，可能是联合体走向成熟的标志之一，也可能是联合体规模、影响是否渗透于政产学研群多方面、促进深入融合的重要评价指标。

二、学会联合体的结构

结构决定功能，学会联合体的组成结构意味着其功能特点。从上述联合体的组成要素来看，5 类机构在参与学会联合体建设中发挥作用的程度有所不同。学会类机构在学会联合体的构成、运营和组织管理中，相对其他 3 类机构是最为重要的，在 6 个联合体中的比例都是最高。高校、科研院所中心、企业单位这 3 类机构发挥作用程度依联合体不同而不同。例如，信息科技学会联合体中涉及的科研院所较另几类机构多，很可能就发挥着更为重要的作用。当然，构成要素的比例或数量的大小并不一定等同于各要素权责的多寡，但在非法人这类组织相对松散的联合体中，理事会、顾问组、专家委员会的成员都具有一定话语权。因此，这些成员来源机构的比例或数量也可以从一定程度上影响联合体的功能。例如，联合体中来自高校、科研院所和学会的成员数量较多，而企业成员数量相对较少，这意味着学会联合体的功能侧重于学术交流，而不是成果扩散。该特点也在功能分析的结果中得到了初步验证。因此，联合体构成要素的比例或数量也从某种程度上间接反映了该联合体的功能侧重。

三、学会联合体的功能

从联合体的功能发挥来看，6 个学会联合体仍然以学术交流和科学传播为主。值得注意的是，就目前公开发布的信息来看，智能制造、先进材料和生态环境领域的学会联合体在产业市场的活跃程度更高。当然，这样的统计结果很大程度上是由对所收集到的分析材料决定的，不能否认研究材料如果进一步丰富后，各学会联合体的功能会出现变化。此外，随着学会联合体的不断发展，除了本研究探讨的 4 个功能，还会具备更多与时俱进的新功能，或者在现有 4 个功能中细分新功能，比如科研诚信监管功能。因为学会联合体具备跨学科、跨领域优势，可以组织政产学研群人员共同组成科研伦理专家组、伦理委员会等，及时就重大科技问题和科技治理召开会议，形成对交叉学科最新动态的科研伦理监管，构成对政府监管力量的有效补充[28]。

第五节　结　　语

十年树木，百年树人。百年前的清末民初，西学东渐，中西学并立，新学科勃兴。梁任公在《变法通议·论学会》中曾言："今欲振中国，在广人才；欲广人才，在兴学会。"政学通揉之时，知行新变之际。学会对于中华之崛起、民族之振兴，有着根基之作用，是政府、企业"二者之母也"[29]。经历了百年沧桑的中华民族，如今正值世界大发展、大变革、大调整的新时代，秉承创新驱动发展的大战略砥砺前行，中国的学会发展同昔时相比也已不可同日而语，但其汇聚人才、交融思想之初心并不曾改变，其组织形式还在不断创新和与时俱进。学会联合体是学会组织的交叉融合，在中国虽是一种新生事物，但具有旺盛的生命力。学会通过组织创新成立的学会联合体在促进学术交叉、政产学研群联合等方面已经呈现出一定独特功效。

应该承认的是，当前的学会联合体仍处于初期发展阶段，组织的松散性也较为突出。联合体对于人才的聚合仍然是一种"离散型"聚合，往往以学术交流、科学传播等活动为主要联系纽带，打造的交流平台比较宽广，联合程度相对较弱。联合体更多呈现出主要组成机构的功能特征，自身尚未形成有序、良性运转的工作模式。但作为一种具有学科融合优势的创新载体，弱连接的组织管理模式或许能在创新环境上提供更多有利条件。

下一步研究可以从 3 个方向展开：一是拓展报道材料的采样范围，进一步增强统计样本的全面性和可靠性；二是可以重点考察联合体对交叉学科人才成长的影响，增加人才培养方面的功能维度；三是随着学会联合体的增加和国外相关科技社团资料的丰富，可以比较研究学会联合体发展的组织模式和运行规律，尤其是运用网络理论对学会联合体的内部结构和组成机构间的关系进行建模分析，考察网络协同可能涌现出的新结构和新功能。

致谢：本研究是与刘春平、李正风合作完成的，在此谨表诚挚谢意。

参考文献

［1］饶子和．推进学会治理方式现代化［N］．光明日报，2016-03-29（6）．

［2］彭纪生，吴林海．论技术协同创新模式及建构［J］．研究与发展管理，2000，12（5）：13-16.

［3］方炜，王莉丽．协同创新网络的研究现状与展望［J］．科研管理，2018，39（9）：30-41.

［4］李正风，曾国屏．中国创新系统研究：技术、制度与知识［M］．北京：经济科学出版社，1999：145-149.

［5］戴淮波，张楠，柳凤祥．科技社团协同创新体制机制的探索与实践——以辽宁省造船工程学会为例［J］．学会，2018（7）：33-37.

［6］田恬．中国科协生命科学学会联合体促进跨学科融合交流［J］．科技导报，2016，34（13）：77.

［7］AIP. Member Societies.［EB/OL］.（2019-01-01）［2019-01-07］. https：//www.aip.org/member-societies.

［8］AAAS. Mission and History.［EB/OL］.（2019-01-01）［2019-01-07］. https：//www.aaas.org/mission.

［9］中国科协．全国学会.［EB/OL］.（2019-01-01）［2019-01-07］. http：//www.cast.org.cn/col/col26/index.html.

［10］李政，罗晖，刘春平．浅析颠覆性技术的内涵与培育——重视颠覆性技术背后的基础科学研究［J］．全球科技经济瞭望，2016，31（10）：53-61.

［11］LEWIS T G. 网络科学：原理与应用［M］．陈向阳，巨修练，译．北京：机械工业出版社，2011.

［12］GRANOVETTER M S. The Strength of Weak Ties［J］. American Journal of Sociology,

1973，78（6）：1360–1380.

［13］余田. 格兰诺维特的社会关系理论——读《镶嵌：社会网与经济行动》［J］. 青年与社会，2013（8）：324.

［14］王露燕. 格兰诺维特的社会网络研究综述［J］. 学理论，2012（3）：17–18.

［15］段志生. 图论与复杂网络［J］. 力学进展，2008（6）：702–712.

［16］斯图尔特·罗素，皮特·诺维格. 人工智能：一种现代的方法：第3版［M］. 殷建平，祝恩，刘越，等，译. 北京：清华大学出版社，2013.

［17］李政，罗晖，李正风，等. 基于质性数据分析的中美创新政策比较研究——以"中国双创"与"创业美国"为例［J］. 中国软科学，2018（4）：18–30.

［18］钱穆. 中国历代政治得失［M］. 北京：九州出版社，2016.

［19］夏传玲. 计算机辅助的定性分析方法［J］. 社会学研究，2007（5）：148–163.

［20］李政，王宏伟，罗晖，等. 质性数据分析视域下的科技学会服务"一带一路"——中国科协所属学会服务"一带一路"建设的规划方案分析［C］// 中国软科学研究会. 第十三届中国软科学学术年会论文集. 北京：中国软科学出版社，2017：362–367.

［21］科协改革与发展. 学会联合体概述.［EB/OL］.（2016–07–13）［2019–01–03］. http：//www.cast.org.cn/col/col534/index.html.

［22］中国科协生命科学学会联合体. 联合体简介［EB/OL］.（2016–12–31）［2019–01–03］. http：//www.culss.org.cn/.

［23］中国科协清洁能源学会联合体. 联合体简介［EB/OL］.（2016–07–13）［2019–01–03］. http：//vote.cast.org.cn/n17040442/n17144004/n17144019/17293801.html.

［24］中国科协信息科技学会联合体. 联合体简介［EB/OL］.（2017–03–20）［2019–01–03］. http：//www.cuists.org.cn/defaultroot/portal.jsp?skin=blue.

［25］中国科协智能制造学会联合体. 联合体简介［EB/OL］.（2017–11–09）［2019–01–03］. http：//imac–cast.org.cn/.

［26］中国科协先进材料学会联合体. 成立大会［EB/OL］.（2017–06–23）［2019–01–03］. http：//before.cast.org.cn/n57811433/n57812395/n57825824/c57602874/content.html.

［27］中国科协生态环境产学联合体. 联合体简介［EB/OL］.（2018–10–28）［2019–01–03］. http：//www.cast.org.cn/col/col586/index.html.

［28］俞陶然. 上观新闻：如何让贺建奎、韩春雨事件不再重演？清华教授呼吁"三管齐下"［EB/OL］.（2019–01–23）［2019–02–15］. https：//www.jfdaily.com/news/detail?id=128775.

［29］吴海清，张建珍. 晚清学会与传媒公共领域的建构［J］. 船山学刊，2011（1）：169–172.

第十章

协议文本比较

——基于质性数据的"一带一路"自贸协定研究

"一带一路"建设是我国在新的历史条件下实行全方位对外开放的重大举措[1]。历经 5 年的不断丰富和发展，截至 2018 年 7 月，中国已与"一带一路"沿线国家和地区签署了 90 余份双边公告、联合声明或合作协议[2]。在已签署并实施自由贸易协定（简称自贸协定，英文为 Free Trade Agreement，缩写为 FTA）的 20 多个国家和地区中，涉及"一带一路"沿线国家和地区的有 11 个[3]。自贸协定在实施"一带一路"自贸区建设过程中具有提纲挈领的战略性作用，不仅为自贸区的建立巩固、为双边多边交流合作的深入开展奠定了良好的基础，也为中国在新时代不断推进改革开放，与世界各国开展经济、政治、社会和科技领域深入合作提供了理论参考和实践经验。本研究聚焦于中国已签署的 12 份自贸协定文本，运用质性数据分析方法对协定文本进行词频分析和交叉分析，并参考现有相关协议文本研究成果，比较"一带一路"沿线地区自贸协定的话语异同，为更高效地推进新时代"一带一路"自贸区建设中的协定设计提供理论参考。

第一节 政策背景简介

"一带一路"倡议（The Belt and Road Initiative，缩写 B&R Initiative）是"丝绸之路经济带"和"21 世纪海上丝绸之路"合作倡议的简称（也称"一带一路"或"一带一路"建设），包括一系列政策措施，始于 2013 年，由中国国家主席习近平提出，至今已实施 5 年。按照时间顺序，可以将这第一轮的政策运行过程划分为政策提出、政策解读、政策实施、政策推进 4 个阶段。

（1）政策提出。2013 年，习近平主席在哈萨克斯坦纳扎尔巴耶夫大学和印度尼西亚国会发表演讲时分别提到共同建设"丝绸之路经济带"和"21 世纪海上丝绸之路"。2014 年 10 月，包括中国、印度、新加坡等在内的 21 个首批意向创始成员国的财长和授权代表在北京签约，共同决定成立亚洲基础设施投资银行，与沿线国家的新一轮合作交流逐步开启。

（2）政策解读。2014 年，习近平主席在亚信峰会、亚太经合组织（APEC）领导人非正式会议上等重要场合进一步提出共建"一带一路"，意在以点带面，从线到片，逐步形成区域大合作，使各国经济联系更加紧密、相互合作更加深入、发展空间更加广阔。2014 年，"一带一路"被写入政府工作报告，对国内外的政策宣传工作稳步开展。

（3）政策实施。2015 年 3 月，习近平主席在博鳌论坛上发表以《迈向命运共同体，开创亚洲新未来》为主题的主旨演讲，随即国家发展改革委、外交部、商务部发布了《推动共建丝绸之路经济带和海上丝绸之路的愿景与行动》，标志着"一带一路"进入全面实施阶段，从政府到人民团体都在积极筹划参与"一带一路"建设[4]。

（4）政策推进。2017 年 5 月，"一带一路"国际合作高峰论坛成功举办，各国政府、地方、企业等达成一系列合作共识、重要举措等务实成果，主要涵盖政策沟通、设施联通、贸易畅通、资金融通、民心相通五大类，计 76 大项、270 多项具体成果，自贸协定文本、合作备忘录等文本资料是其中的重要组成部分。在 2018 年的两院院士大会上，习近平总书记明确指出：要把"一带一路"建成创新之路，合作建设面向沿线国家的科技创新联盟和科技创新基地，为各国共同发展创造机遇和平台[5]。"一带一路"倡议已进入到稳步推进的崭新发展阶段，自贸协定作为商、学、政界各界尤为关注的重要成果，已经成为巩固、评估现有政策措施，设计规划下一阶段倡议内容的重要载体和研究对象。

第二节　自贸协定研究概况

研究自贸协定是为了更好地总结国际合作中的实践经验和教训、从经验教训中提炼总结出理论和原则，以指导未来进一步开展贸易合作。对自贸区建设的研究有很多方法，比较常见的如调查问卷、电话采访、田野调查、专家访谈、经贸数据分析、社会舆情分析等[6]，研究内容也涉及双边、多边的经济、政治、社会和科技等方面，有的侧重经济商贸分析，有的侧重人文历史比较，还有的从自贸协定视角专门针对自贸区建设中的框架文本进行内容和形式上的定性和定量探讨。对自贸协定文本的研究，一般可以从贸易额度、涵盖的区域范围、合作时间和国别等角度开展，针对协定搭建的贸易合作框架，分析具体合作内容和合作方式，比较双边、多边的利益关系，并探讨贸易发展。在现有的研究中，一些学者通过研究自贸协定文本，分析文本框架下协定双方或多方的关联关系，解读协议各方的关系网络和利益格局。例如，孙畅等人收集整理不同自贸区的建设情况，考察自贸协定的范式，从合作范围、贸易规则（标准）的强制性等协议要点入手，比较"一带一路"自贸协定同跨太平洋伙伴关系协定（Trans-Pacific Partnership Agreement，缩写 TPP）、北美自由贸易协定（North American Free Trade Agreement，NAFTA）等文本之间的异同，进而探讨"一带一路"自贸区建设路径[7]；王燕等人从贸易协定文本的话语构建角度，分析了经贸规则与协定文本间的紧密联系、协定升级和谈判阶段等问题，为自贸协定在规则供给、竞争力和契约性等方面的进一步设计和完善提出了建设性观点[8]。还有学者通过研究"一带一路"倡议下的合作框架，提出要在框架协议或协定中加强不同合作方之间的协调机制设计[9]。上述文献反映了自贸协定研究的基本现状，但从数量上看，关于学术、学理上的研究偏少，研究方法或研究工具的探索和创新相对不多，这在某种程度上也反映出自贸协定和自贸区建设在理论研究方面发展得比较缓慢。

自贸协定文本研究是自贸区建设研究的一个切入点，旨在通过对协议内容和形式进行定性和定量的分析，从而探讨自贸区建设中所涉及的理论和实践问题。协定文本研究也可视为政策文本研究的一种，因为协定本身也是政策文件的一种，其内容相对稳定，都是公开资料，数量一般较大、参与方较多、利益错综复杂，文本分析方法可以通过内容解读、统计分析等方法，对协定利益各方的交叉关系开展横向比较研究。鉴于此，本研究以自贸协定文本为研究对象，运用质性数据分析方法开展研究。本研究在学习现有研究资料的基础上，引入质性数据分析方法，开展基于质性数据的比较研究。

　　本研究选择 NVivo 11 作为质性数据分析的计算机软件工具，以中国与"一带一路"沿线国家签署的 12 份自贸协定文本为研究对象[10, 11]，结合已有研究成果，开展基于质性数据的分析比较。实际上，"一带一路"沿线国家的范围并不是十分明确，并不局限于地理位置，而是与"一带一路"倡议相关的国家，范围可以比较广泛。本研究仅以这 12 份协定文本作为研究对象，意在抛砖引玉。

第三节　"一带一路"自贸协定文本的质性数据分析

　　将 12 份自贸协定文件导入 NVivo 内部材料，并对协定文件编号，例如：1. 亚太贸易协定，2. 中国—东盟自贸协定，3. 中国—澳大利亚自贸协定，等等（表 10.1、图 10.1）。运行词频查询得到词语云和词频列表（图 10.2）。前 20 位高频词从高到低分别为：缔约、双方、协定、服务、措施、贸易、货物、规定、仲裁、合作、程序、应当、要求、实施、协议、投资、适用、承诺、法律和关税。这些高频词集中反映了"一带一路"自贸协定话语中主体和行为的典型表述。

表 10.1　自贸协定文本列表

自贸协定文本名称
1. 亚太贸易协定
2. 中华人民共和国与东南亚国家联盟全面经济合作框架协议
3. 中华人民共和国政府和澳大利亚政府自由贸易协定
4. 中华人民共和国政府和巴基斯坦伊斯兰共和国政府自由贸易协定

续表

自贸协定文本名称
5. 中华人民共和国政府和新西兰政府自由贸易协定
6. 中华人民共和国政府和哥斯达黎加共和国政府自由贸易协定
7. 中华人民共和国政府和格鲁吉亚政府自由贸易协定
8. 中华人民共和国政府和大韩民国政府自由贸易协定
9. 中华人民共和国政府和智利共和国政府自由贸易协定
10. 内地与香港关于建立更紧密经贸关系的安排
11. 内地与澳门关于建立更紧密经贸关系的安排
12. 中华人民共和国政府和新加坡共和国政府自由贸易协定

图 10.1　运用质性数据分析软件 NVivo 分析与"一带一路"沿线国家
签署的 12 份自贸协定

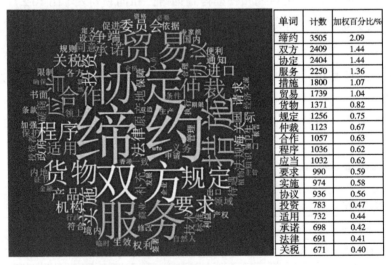

单词	计数	加权百分比/%
缔约	3505	2.09
双方	2409	1.44
协定	2404	1.44
服务	2250	1.36
措施	1800	1.07
贸易	1739	1.04
货物	1371	0.82
规定	1256	0.75
仲裁	1123	0.67
合作	1057	0.63
程序	1036	0.62
应当	1032	0.62
要求	990	0.59
实施	974	0.58
协议	936	0.56
投资	783	0.47
适用	732	0.44
承诺	698	0.42
法律	691	0.41
关税	671	0.40

图 10.2　词语云和词频列表（前 20 位高频词）

这些协定可以大致分为两类：一类是中国与其他国家或区域组织签署的自贸协定，属于双边性质的自贸协定，可以称为"中国+"类协定；另一类是多个主体联合签署的自贸协定，属于多边性质的自贸协定，如亚太贸易协定。双边与多边协定文本在高频词上既有相同，也有不同（图10.3）：在双边协定用语中，高频词以两个字为主，最常见的词语是缔约、仲裁、协定、双方、服务等；而多边协定中也有类似的两个字的高频词词语，如协定、产品、服务、关税、优惠等，但同时，高频词中也含有两个字以上的词语，如参加国、常委会、原产地、成员国等。实际上，这些高频词语反映出在自由贸易上双边关系和多边关系的不同，这些不同也可以通过协定文本的聚类分析而一目了然。

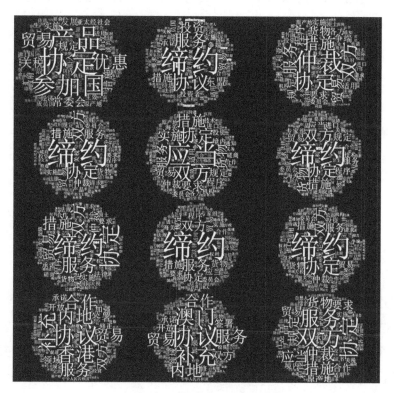

图 10.3　协定文本词云图

（注：从左向右、自上而下依次是第 1—12 号文件）

按照用语相近程度，NVivo 可以把这些文件进行聚类分析，本研究取类别为 5，得到的结果如图 10.4 所示。从质性数据结果上也可以明显看出，亚太贸易协定的用语被归为单独一类，中国同东盟的协定文本单独一类，内地同港澳地区的归为一类，中国与其他国家的自贸协定文本分为两类。如果说亚太贸易协定和中国—东盟协定的划分是比较容易的，那么对其余 10 份自贸协定的分类则不一定显而易见，质性数据分析则通过文字统计完成了文本相似度划分，为揭示协定双方间合作关系提供了一条新路径。本研究是基于质性数据分析做出的初步研究，如果要继续探讨分类结果同双边贸易数额、增长率、政治、社会人文等交流情况，则需要引入更多协定签订后的统计数据，从而开展交叉分析，这些可能与不同聚类标准的用语聚类结果有关联，对此，本研究在协定话语特征部分有进一步探讨。

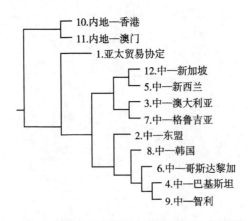

图 10.4　协定文本基于用语相似度的聚类结果（类别数取 5）

自贸协定中与科技相关的话语特征

现有文献在分析协定文本中，关注较多的词条包括投资壁垒、标准对接、专利许可等[7, 8]，这些词条集中反映了协定中各利益方的相互关系，尤其是科技和贸易的关系。在学习总结现有研究的基础上，本研究提炼了"一带一路"自贸协定文本中与科技相关的、相对重要的 4 个词条，以便着重考察协定中与科技相关的文本内容。这些科技类关键词条分别为（不分先后顺序）：科技、资金、文化和法规。以这些词条作为文本编码名称，并考察这 4 个编码在各个协定文本中的出现频次，做交叉分析，得到如图 10.5 所示的分析结果。如图 10.5 所示，法规是出现频次最高的词条，其次是科技和资金，而文化相对其他几项内容在协议文本中出现次数较少。本研究获取的信息还不足以对词条多寡背后的原因进行有力的解读，待后续研究中收集更多信息再讨论现象背后的原因。

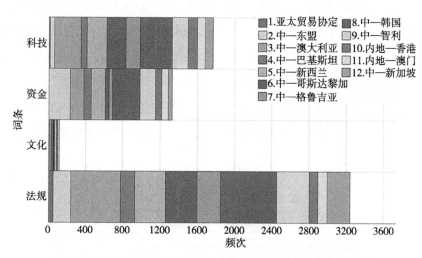

图 10.5　科技类关键词条在协定文本中的出现频次统计（三维图）

图 10.5 的数据还能转换成其他形式的图表。图 10.6 显示了各份协定在 4 个编码方面的侧重程度。例如，中国与韩国、澳大利亚签订的协定中对法规的

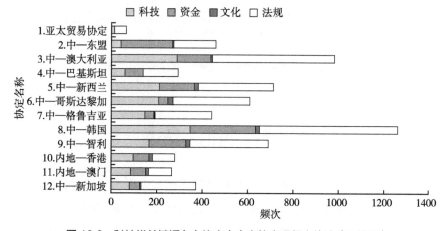

图 10.6　科技类关键词条在协定文本中的出现频次统计（二维图）

表述最多；与韩国、澳大利亚、新西兰和哥斯达黎加的协定涉及科技的内容比其他国家多；与新西兰、哥斯达黎加、韩国、智利，以及中国香港、中国澳门的协定包含文化方面的内容；亚太贸易协定、中—哥斯达黎加协定、中—格鲁吉亚协定对资金的表述较少。

图 10.7 显示的是科技类关键词条在各份协议中的分布情况。由图可见，亚太贸易协定对法规的表述最多，占其全部内容的 75.18%；对资金和文化最少，仅占其内容的约 3%。中国与东盟的协定则是资金占得最多，为 46.48%；其次是法规，为 42.30%。这是所有协定文本中唯一一个资金占比最高的样本，与图 10.3 聚类结果"中—东盟"单独归为一类相符合。此外，内地与港澳的协定文本中，科技类关键词条分布比例相似，可归为一类，这与图 10.3 结果也相符合。

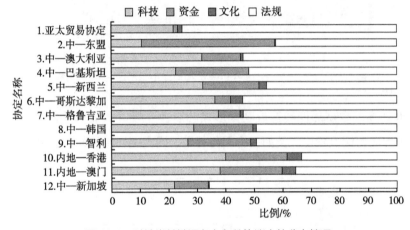

图 10.7　科技类关键词条在各份协议中的分布情况

第四节　讨论与结语

质性数据分析作为一种既定性也定量的方法，可以用于佐证其他研究方法得出的结论，以辅助相关研究的不断深入。例如，在现有研究中，有学者讨论了中国"一带一路"自贸协定话语在促进基础设施的投资规则方面供给不足[8]。通过质性数据分析，本研究对 12 份协定文件进行"投资规则"和"基础设施"编码后交叉对比发现，涉及"基础设施投资规则"的内容确实比较稀缺（图 10.8），仅在中—东盟、中—澳大利亚两份协定中同时出现。诚然，这两组编码同时出现不能表征文本中一定涉及基础设施投资规则的内容，但如果文本中没有这两组编码出现，则意味着文本很可能不涉及该方面的内容。

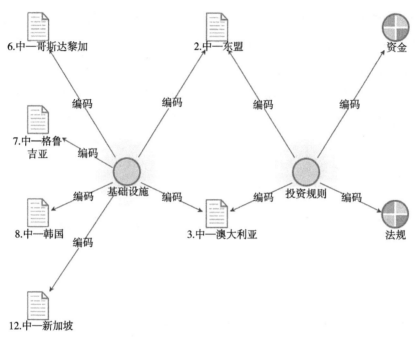

图 10.8　"基础设施"与"投资规则"在协定文本中出现情况的交叉分析

下一步的研究方向有 5 个。第一，可以继续运用质性数据分析方法对其他现有研究结论进行验证性研究，这对社会学实证研究方法论是一个很好的探索；第二，还可以研究"一带一路"自贸协定及相关问题，从达成协定的前提入手，关注各个缔约国国内经济政治外交政策文本，从而丰富研究材料，深入挖掘政策内容，寻找结合点、互补点和制约合作的因素；第三，对协定语言的研究也非常重要，包括协定用语在协定文本间的信度和效度；第四，对自贸协定文本的编码，需要借鉴政策研究、话语权研究等相关研究理论，不断修改编码方案，使协定编码成为一个基于理论和具体问题、不断更新的常态化工作；第五，协定研究的深入开展，还离不开协定执行情况的调研和评估，寻找协定语言与协定行为之间的社会学规律，以便从科学决策的角度指导未来协定文本的设计和协定内容的落实。

"一带一路"倡议是世界各国瞩目的创新政策，是中国将在相当长的时间里重点实施的国家外交事务，也是贸易协定设计、实施、评估、再设计的广阔舞台。中国已同"一带一路"沿线国家签署了10余份自贸协定，沿线国家的概念也在不断扩展，自贸协定也在增加和更新。本研究整理了12份自贸协定文本，从质性数据分析的视域探讨了自贸协定用语特征、不同协定之间的差异和联系，并运用质性数据分析方法验证了现有文献中运用其他方法得出的研究结论。本研究具有一定探索性，还需要不断改进。今后的研究要在此基础上进一步增加分析深度，开展更多实证研究，从而为"一带一路"自贸区建设和自贸协定研究提供参考。

致谢：本研究是与郝茜、李正风合作完成的，在此谨表诚挚谢意。

参考文献

［1］新华社. 习近平在中共中央政治局第三十一次集体学习时强调 借鉴历史经验创新合作理念 让"一带一路"建设推动各国共同发展［EB/OL］.（2016-04-30）［2019-01-03］. http：//tv.cctv.com/2016/04/30/VIDEleGx9RXdYjp0bygeRyIh160430.shtml.

［2］一带一路网. 双边文件［EB/OL］.（2018-07-10）［2019-01-03］. https：//www.yidaiyilu.gov.cn/info/iList.jsp?cat_id=10008&cur_page=1.

［3］中国证券网. 商务部：将与20个"一带一路"沿线国家推进自贸区建设［EB/OL］.（2017-05-10）［2019-01-03］. http：//news.hexun.com/2017-05-10/189132911.html.

［4］李政，王宏伟，罗晖，等. 质性数据分析视域下的科技学会服务"一带一路"——中国科协所属学会服务"一带一路"建设的规划方案分析［C］// 中国软科学研究会. 第十三届中国软科学学术年会论文集. 北京：中国软科学出版社，2017：362-367.

［5］新华网. 习近平：在中国科学院第十九次院士大会、中国工程院第十四次院士大

会上的讲话［EB/OL］.（2018-05-28）［2019-01-03］. http：//www.xinhuanet.com/politics/2018-05/28/c_1122901308.htm.

［6］梁海明，冯达旋.FT中文网：海外华人参与"一带一路"有多难？［EB/OL］.（2018-04-11）［2019-01-03］. http：//www.ftchinese.com/story/001077086?dailypop&archive.

［7］孙畅."一带一路"战略下中国自贸区的建设路径探析［J］. 人民论坛（中旬刊），2016（12）：78-79.

［8］王燕."一带一路"自由贸易协定话语建构的中国策［J］. 法学，2018（2）：150-162.

［9］HUANG Y. Understanding China's Belt & Road Initiative：Motivation，framework and assessment［J］. China Economic Review，2016，40：314-321.

［10］中国自由贸易区服务网. 协定文本［EB/OL］.（2018-04-09）［2018-04-11］. http：//fta.mofcom.gov.cn/.

［11］内地与港澳关于建立更紧密经贸关系的安排（CEPA）专题.［EB/OL］.（2019-01-01）［2019-01-28］. http：//tga.mofcom.gov.cn/article/zt_cepanew/.

第十一章
科普内容分析

——浅谈中青年科普作品的亲和力与感召力：
以科普栏目《学姐来了》为例

第一节　研究背景简介

近年来，党和国家高度重视科学普及工作，大力弘扬科学精神和科学家精神。2016 年 5 月，《国家创新驱动发展战略纲要》将科普作为创新驱动发展战略保障之一；2016 年 5 月，在"科技三会"上，习近平总书记强调，要把科学普及放在与科技创新同等重要的位置；2017 年 10 月，党的十九大报告提出"弘扬科学精神，普及科学知识"的要求；2018 年 5 月，习近平总书记在两院院士大会上向科学家提出"继续在传播科学知识上学为人师、在弘扬科学精神上身体力行"的要求；2019 年 6 月，中共中央办公厅、国务院办公厅印发的《关于进一步弘扬科学家精神 加强作风和学风建设的意见》指出，广大科技工作者要大力弘扬以爱国精神、创新精神、求实精神、奉献精神、协同精神和育人精神为内涵的新时代科学家精神；2020 年 9 月，习近平总书记在科学家座谈会上重申"科学成就离不开精神支撑。科学家精神是科技工作者在长期科学实践中积累的宝贵精神财富"，并重点强调了爱国精神和创新精神[1, 2]。从一系列政策文件变化和习近平总书记的重要指示上可以发现，科普事业在国家战略中的地位不断提升，科学精神和科学家精神已成为科普工作中不可或缺的重要内容。

为深入贯彻党和国家关于科普工作的重要指示精神，推动科普工作全方位、高质量发展，中国数字科技馆科普团队在原有《微专栏》平台良好运营的基础上，于 2017 年 8 月创办了全新网络科普专栏《学姐来了》[3]，以极具亲和力的年轻女性视角，面向广大中青年群体①[4]，推出每周一期的系列科普文章，用轻松活泼的风格解读生活中的科学问题，用通俗易懂的幽默语言挖掘热点事件背后的科学原理。栏目至今已刊发 170 余期，在网络上广受好评。

本研究以《学姐来了》专栏的科普文章为案例，借助质性数据分析方法，定性和定量地剖析该栏目科普作品的基本特点和 3 年来发展变化趋势，分析文字的亲和力和感召力，尤其考察科学精神和新时代科学家精神的传播情况，反思中青年科普存在问题并提出研究建议，为推动新发展格局下的科普工作全覆盖、高质量发展提供抛砖之见。

第二节　研究框架

科普工作与科普研究的核心是科学与人（生产者、传播者、接受者等），实质是调整好科学与公众的关系[5]。近年来，国内外关于科学知识、科学家和公众三者之间关系的探讨都有长足发展，也有很大转变[1, 6]。

从国际上看，对科普工作和科学传播的观念，已从只考虑公众要理解科学的好处却不考虑科学可能对社会带来的冲击[7]，转变为要求公众去理解来自科学家的信息，同时要求科学家去理解来自公众的诉求[8]。普遍认可的科普理论提倡在科学发展问题上科学家应该与公众进行平等对话，要尊重普通人非专业知识的价值，而科学界也有义务来促成公众对科学事物的参与[9]。目前较新的观点认为，科学传播应该抛弃科学知识的主导地位，让其与各种有意义的知识平等对话[10]；还有人认为公众应该尊重科学权威[11]，公众参与科学不应只是质疑科学，还应该确保公民向往技术能得到发展[12]。

---

① 关于中青年群体的年龄划分，并无统一标准，某些 80 岁老人的体力和脑力会与很多 20 岁的年轻人相似。参照 2000 年世界卫生组织对人生五阶段的划分，一般将 20—55 岁的人群划分为中青年。

与国外理论探讨相比，国内科普研究的实践色彩更浓，越来越多的学者致力于科普工作者、科普媒介和效果的研究，这大概因为科学普及比传播更具明显的主动性和能动性。例如，有学者研究了我国科普人才老龄化问题，指出中青年科普工作者匮乏[13]；有学者利用新媒体手段对全国科普日活动进行评估[14]；有学者针对青少年科普的概念、理论与路径做了深入理论分析[15]；也有研究者引入计划行为理论、经济学理论模型，分析人们在社交网络中科学信息消费的机制，对科普活动效果评价构建"吸引子"模型[16, 17]。此外，国内科普研究对新媒体颇为关注。例如，有学者回顾《中国科学报》发展历程，探讨了新媒体环境下的科学传播新格局[5]；有学者研究了最新兴起的、非常"接地气"的科普短视频及其知识传播影响[18]；有关于博客在科学传播中的参与性研究[19]；也有学者以微博为考察对象，发现其中的科学信息源和信息传播过程都存在虚假信息、谣言和伪科学等问题[20]。

文献调研还发现，国内学术界对科普新媒体、科普效果研究较为集中，但对"中青年"这类特定科普主体和科普对象的研究似乎存在着一定缺口——尤其是面向中年群体的科普情况研究比较少（表11.1）。

表 11.1　我国中青年群体科普实践和理论研究状况简析

项目	青年	中年
科普主体	有一些鼓励青年人去做科普的会议、奖项或赛事，例如，"中国青年医生医学科普创意大赛""上海青年科普文创培训班""科普趣题赛"，以及科协组织的青年科普志愿者等；农、医领域尤其重视青年人做科普，有少数的理论研究；鼓励青年人做科普的呼声一直存在	不乏呼吁中年人做科普的声音，例如，"中青年医学专家是科普主力军"[27, 28]"中青年农机工程技术人员应加强学术论文和科普作品写作"[29]。但存在该年龄段科普队伍缺口。例如，有研究显示，"年龄在40岁以下的中青年科普作家仅占整个队伍总数的20.6%"[13]
科普对象	青年人的亚文化、网络社交互动等在近年有所研究[21-26]，但青年人接受科普方面的研究往往包含在青少年科普研究之中[15]	相关研究较少，存在一定缺口

对中青年进行科普是必要的，其必要性有很多角度可以阐述，但最重要的

还是知识之于个体的"内消外长"。知识增长不以个体意志为转移，一般呈线性或指数增长[30]，而大多数不直接从事教育或科技工作的中青年从学校毕业后，便减缓了新科技知识的摄入，已有知识也开始遗忘，当遇到新的科技问题时便会出现知识空白，科普需求便会产生。如果把科学素养视为反映科技知识水平的一个指示器，则知识的内销外长已经能从"中国公民科学素养调查"的历年数据中观察到：据统计[31]，中青年群体的科学素养比例从年龄节点上看是逐年提高的，而从每个调查年份看科学素养从青年到中年是下降的，这是知识老化和技能用进废退的结果；然而，关键问题是，该下滑曲线呈逐年"陡峭"趋势，反映出公民科学素质下滑速度正在逐年加快，10年间下滑速度增长了2倍（图11.1），科学素养鸿沟拉大速度逐年增加，中青年人需要被科普的必要性可见一斑。

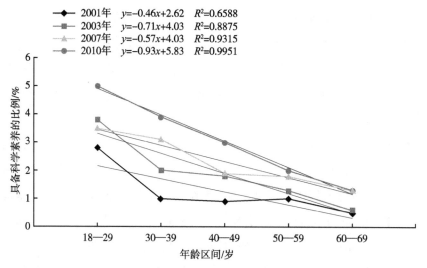

图 11.1 中青年群体科学素养比例逐年下降情况（根据文献[31]制作）

综上可见，国外科普研究和科学传播的新理念比较强调"平等对话""接地气"等要素，而"尊重权威"与我国近年来强调的弘扬科学精神和传播科学家精神等人文价值具有一定结合点。同时，中青年科普研究存在一定缺口，而《学姐来了》正为丰富中青年群体科普研究提供了难得的研究案例。因此，以《学姐来了》为例考察中青年科普作品的内容特点，便成了本研究的切入点。

第三节　数据来源与编码方案设计

中国数字科技馆的《学姐来了》科普专栏由长期从事科普工作的专业团队精心运营，不以商业盈利为目的，是中国科协监管下的成熟网络科普品牌，能够邀请相关专家对科普作品内容的科学性进行审核把关。与其他同类平台相比，该专栏具有运营公益性、内容可信性和传播广泛性等优势，是较为理想的研究对象。本文对专栏文章进行收集整理，统计时间为 2017 年 8 月 16 日至 2021 年 2 月 16 日，除去缺失篇章，共计 170 篇有效样本，全部是公开文本，每个文本有 1000～3000 字[3]。

本研究采用 NVivo 工具对 170 篇科普文章进行质性数据分析[32-35]，在内容编码的基础上，统计高频词，按编码分类内容，并开展交叉和聚类分析。首先，本研究把采集到的科普作品文本以 Word 形式储存在 NVivo 软件工具中；其次，人工阅读标记出关键字词并存储为节点编码，运用编码方案进行批量文件的结构化编码；最后，对质性数据进行统计分析，快速发现内容要点和关联点，从整体上把握研究对象统计特征。

根据现有科普研究框架及科普内容遵循的基本理念，制定本研究的编码方案。科普研究有很多理论框架，例如，五要素法分析——按照拉斯韦尔（H Lasswell）的 5W 模式，可以将科普系统视为 5 个部分：科普主体（Who）、科普媒体（What channel）、科普对象（Whom）、科普内容（What）和科普效果（What effort）[36-39]。对本研究而言，科普媒体是互联网、微信等新媒体形式，不是本文关注的重点；本研究关注的主要是面向中青年群体的科普内容的统计特点，尤其是在"平等对话""接地气"等理念下如何传播科学精神和科学家精神。

（1）亲和力编码。"平等对话"和"接地气"是目前重要的科普理念，在文字语言上有很多表现形式，本文将之归结为科普文字的"亲和力"。根据梅拉比（Mehrabian）和赵莉等学者的研究[40, 41]，科普语言亲和力可以通过 6 类指标定性分类。本文在实际编码中做简化处理，采用前 5 类指标，即平易、谦和、温婉、衔接和幽默（表11.2），以整篇作品为单位进行亲和力指标编码，编码时可以重叠。

表11.2　"亲和力"指标和编码举例

一级指标	二级指标	编码举例
语言亲和力	1. 平易：言语/文本贴近生活，有身边感、简化或类比	古诗词中的化学"小机关"，你发现了吗？ 您家的药品和消毒品存放，安全吗？
	2. 谦和：话语意见顺和谦从，不固执己见，友善	你可能欠自己一个"心理健康周" 你可能对历法有什么误解
	3. 温婉：温柔婉转，亲切和蔼，有温度，将心比心	春花烂漫，我们一起吃花儿吧 老寒腿？PAD？冬季请关注老人的腿
	4. 衔接：不剧烈、不突兀的言辞，有铺陈、比兴、过度、桥接等	吃海鲜，喝啤酒？痛风了解一下？ 《我不是药神》火了，慢粒白血病了解一下？
	5. 幽默：用风趣、谐音、俗语、俏皮、隐喻等形式，引人入胜或产生笑意	姑娘，玻璃栈道你大胆地往前走 你吃的不是泡椒凤爪，是核技术
	6. 界面友好	图文并茂，卡通图案（此处涉及图片编码，且《学姐来了》大都图文并茂，生动活泼，无编码差别，故本文暂不涉及）

（2）"感召力"编码。"尊重科学权威"的科普理念也有很多传达角度，在知识生产与科技资源配置新模式下，科普工作在密切联系公众的同时，已成为科技创新主体体现价值担当的一种有效形式[42]。但这种担当责任对应的权威感不只意味着公众对科学知识或科学家个体的狭义上的尊重和接受，尤其在当前大力弘扬科学精神和新时代科学家精神的背景下，这种权威感应该包含公众尊重科学和科学家群体，是广义的接受权威建议、采纳科学结论和体察到人文价值感召。多年来，强调科学精神已逐渐成为共识，但科学精神传播存在功利主义、动力不足、机制不畅等问题[43]；而作为科学精神最集中体现的科学家精神是否正逐步成为共识？是否在监管科学家的越界或不端行为[44]过程中、

在政府推动科技创新与科学普及"一体两翼"发展[1]过程中发挥了作用？这些都是传播新时代科学家精神需要探讨的问题。因此，本文将"尊重科学权威"解释为认同"科学精神"和"科学家精神"，将二者合称为"感召力"进行考察，而考察的一个重要落脚点就是分析现实的科普作品是否体现，以及体现了多少感召力。

2007年，中国科学院发布的《关于科学理念的宣言》认为[45]："科学精神体现为继承和怀疑批判的态度，科学尊重已有的认识，同时崇尚理性质疑，要求随时准备否定那些看似天经地义实则囿于认识局限的断言，接受那些看似离经叛道实则蕴含科学内涵的观点，不承认有任何亘古不变的教条，认为科学有永无止境的前沿。"求真务实、理性批判，几乎是科学精神的实质；在价值取向上，表现为求真、求实、求新、求善；在认知方法上，表现为专注、逻辑、理性和质疑；在行为性格上，表现为好奇、进取、敢为和坚持[44]。

2018年3月，中国科协与光明日报社联合主办"中国科学家精神"座谈会。同年8月，中国科协党组书记、常务副主席、书记处第一书记怀进鹏院士在《高扬爱国奋斗主旋律 引领创新建功新时代》一文中强调，习近平总书记的一系列重要指示，深刻阐明爱国奋斗的时代意义，对全社会弘扬爱国奋斗精神、建功立业新时代提出了明确要求，是弘扬中国科学家精神、推动科技创新发展的根本遵循[46]。文中首次提出了中国科学家精神的"爱国、创新、求实、协同、人梯"的时代内涵[47]。2019年发布的《关于进一步弘扬科学家精神加强作风和学风建设的意见》阐明了新时代科学家精神的内涵，即胸怀祖国、服务人民的爱国精神，勇攀高峰、敢为人先的创新精神，追求真理、严谨治学的求实精神，淡泊名利、潜心研究的奉献精神，集智攻关、团结协作的协同精神，甘为人梯、奖掖后学的育人精神。习近平总书记于2020年9月在科学家座谈会上的讲话中重申大力弘扬上述科学家精神。综上，本文对"感召力"的编码方案如表11.3所示。

表 11.3　"科学精神"与"科学家精神"指标和编码举例

一级指标	二级指标	编码举例
科学精神	求真，批判	"学姐也要温馨提醒大家，对于新科技新事物要保持追求真理的态度"
	好奇，求新	"对大空间尺度的遥感和干预非常成熟，这意味着一系列有趣的事情，比如人们甚至可以干预恒星发展阶段"
	专注，坚持	"海洋数据领域科研人员一直在持续不断地改进旧数据的质量、发展新的技术以更准确地重构过去海洋的状态"
	理性，逻辑	"先不论该证明是否完备，很多人好奇为什么与黎曼猜想有关的研究总能引发关注"
	进取，敢为	"培育出两只肌肉发达的'大力神'狗，成功构建了世界首个基因敲除狗模型"
科学家精神	胸怀祖国、服务人民的爱国精神	"舍生取义的爱国精神和崇高的民族气节"
	勇攀高峰、敢为人先的创新精神	"微小卫星代表了航天领域的技术创新发展，将是航天新技术和新思想的活跃地带，其潜力不言而喻"
	追求真理、严谨治学的求实精神	"明明是风味发酵乳，为什么上面还标注了'原味口味'呢？到底是'风味'还是'原味'呢？其实这是两个不同的概念"
	淡泊名利、潜心研究的奉献精神	"通过介绍疫情中不同专业人士做出的努力，家长也可以引导孩子培养优秀的品质，比如坚强、勇敢、奉献，等等"
	集智攻关、团结协作的协同精神	"从 2004 年改造工程开始后到 2009 年 7 月通过国家验收，他们通力合作，攻克了一个又一个技术关卡"
	甘为人梯、奖掖后学的育人精神	"要教育引导，提高公民的意识，要从娃娃抓起"

第四节　质性数据分析结果

一、词频分析：专栏内容关注点及语言风格

词频分析显示，样本科普作品中出现频率较高（加权百分比＞0.10）的词

语有 55 个，包括"孩子""需要""可能"等。以 2 个和 3 个字为单位的词频排名前 10 名如图 11.2 所示，字号越大，表明出现频率越高。

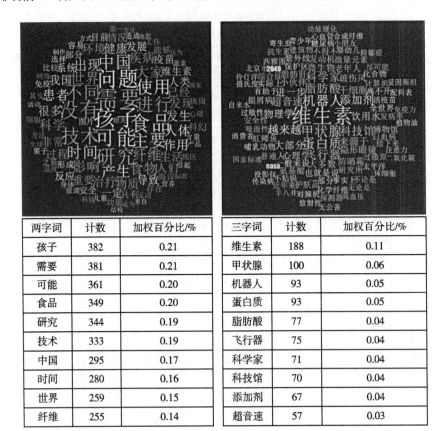

两字词	计数	加权百分比/%	三字词	计数	加权百分比/%
孩子	382	0.21	维生素	188	0.11
需要	381	0.21	甲状腺	100	0.06
可能	361	0.20	机器人	93	0.05
食品	349	0.20	蛋白质	93	0.05
研究	344	0.19	脂肪酸	77	0.04
技术	333	0.19	飞行器	75	0.04
中国	295	0.17	科学家	71	0.04
时间	280	0.16	科技馆	70	0.04
世界	259	0.15	添加剂	67	0.04
纤维	255	0.14	超音速	57	0.03

①词频排名前10名的两字词　　　　②词频排名前10名的三字词

图 11.2　样本高频词分析

考察高频词可以发现样本语言文字的特点。栏目内容中"孩子"出现频率最高，"维生素""甲状腺"出现较多。这些具有实义的高频词意味着家庭和健康方面的科普知识可能是该栏目经常涉及的主题，而该主题也正是中青年最关注的话题。高频词"可能"，一般具有较好的严谨性和不固执的亲和力。

二、内容分类：专栏的科普知识

该专栏在作品编排时有一定的分类目录，包括健康养生、厨房饮食、物理等27类。本文先采取该分类法，将170篇作品按照时间和类别作统计，得到图11.3所示的作品数量（Y轴）降序分布。样本中，健康养生方面的科普内容最多，这符合中青年群体喜好。

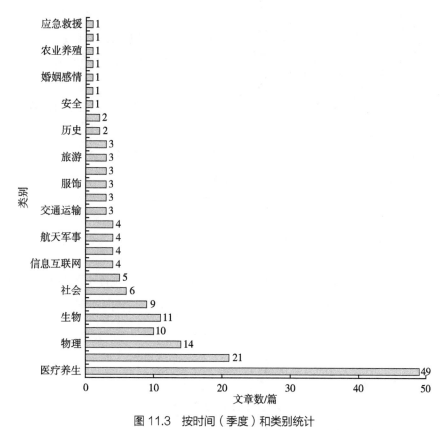

图 11.3　按时间（季度）和类别统计

三、亲和力变化情况

编码发现，表征亲和力的5个指标中，"衔接"处于核心地位，且"衔接"往往与"平易""幽默"共同出现，三者使用比例分别占样本用语总编码量的37%、21%和20%，是样本科普语言的主要特征；"温婉"占比13%，而"谦和"最少，仅占9%。从时间上看，科普作品的亲和力总体上在波动变化，其中，"衔接"和"谦和"用语变化幅度较小，"幽默"和"平易"用语在2019年第一季度开始明显下降；"温婉"用语处于波动中，较无规律（图11.4）。

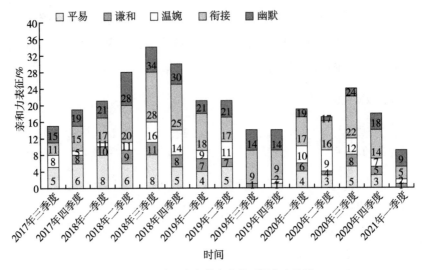

图 11.4　亲和力在样本中的时间分布统计

四、感召力变化情况

对体现"科学精神"和"科学家精神"的内容作时间统计（图 11.5）。总体上看，样本文字中体现科学家精神的文字少于体现科学精神的文字，这大概是因

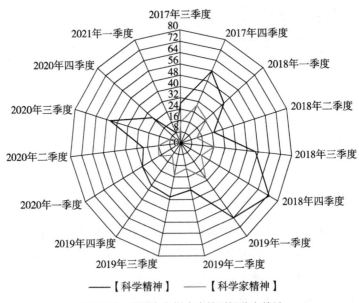

图 11.5　感召力在样本中的时间分布统计

为《学姐来了》是科学知识普及栏目，而不是介绍科学家奋斗事迹和人物案例的作品。但在分析中可以看出，科学家精神与科学精神的出现具有正相关性，即体现科学家精神的内容往往也体现出科学精神，这与二者之间内涵近似和交叉有关。

具体考察科学精神和科学家精神内涵的各个要素，将样本中各要素的体现数量按照多少排序，依次为："理性逻辑""好奇求新""求真批判""协同""进取敢为""求实""专注坚持""育人""创新""奉献"和"爱国"。

五、亲和力与感召力情况

样本文字具备的亲和力与感召力的交叉统计显示，样本文字主要通过良好的衔接、幽默等方式，将理性逻辑和求真批判的科学精神融入科普作品中，传达给中青年受众。用语的衔接性之所以在科普作品中如此重要，是因为科学知识、科学精神和科学家精神的传播都需要先吸引读者关注，然后用身边例子或简易的类比来引入理性的、复杂的、硬核的科普内容。因此，亲和力与感召力的结合点正是使用过渡句、铺陈短语和不突兀的转折段，这大概就是科普作品兼顾科学价值与人文价值的要义所在。

此外，考察亲和力与感召力的时间分布情况（图 11.6），发现亲和力随时

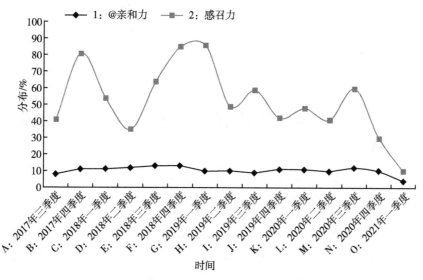

图 11.6　亲和力与感召力在样本中的时间分布统计

间变化而波动的幅度很小，而感召力的波动较大，且在样本范围内有力度逐渐减弱的趋势。原因有待进一步研究。

第五节　讨　　论

一、关于文本编码

在编码信度、效度方面，本研究的编码工作由研究团队共同完成，首先由个人单独编码；其次做编码信度比较，对有异议之处协商并达成一致，最后完成样本编码。在今后的研究中应该引入其他研究者或团队的编码方案，进一步提高编码的信度。

本研究编码仅以亲和力、感召力为一级编码，而没有考察科学性、时效性等其他科学传播中的矛盾要素。实际上，互联网时代科普内容存在虚假性、娱乐化、片面化等宣传问题[48]，需要增加科学性编码维度。但《学姐来了》是经过中国科协监管的作品，故科学性基本可以保证。如果研究其他商业性的或监管比较薄弱的科普作品，则应该加入科学性指标。时效性指标与受众反馈、文本点击率等都关系密切，与亲和力、感召力等也有内在联系。在疫情防控、应急响应等愈加重要的当下，时效性考察也不仅体现在追踪社会热点问题上，更应包含国家顶层设计，这应当成为今后进一步考察的方向。此外，后续研究应该纳入受众的范围调查和抽样访谈。

二、关于中青年群体科普的"二重性"和"科普需求年龄后移趋势"

科普对象一般较少涉及中青年群体，该群体年龄为20—55岁，年龄区间跨度较大，个体特质和社会属性都差异较大，整体复杂，统计上可能不具备显著性。青年群体的科普需求一般被划分到青少年群体里研究，这可能是中青年人（尤其是中年人）较少被当作科普对象进行深入研究的一个原因。而另一个重要原因，也是隐含原因，可能是中青年群体具备的"二重性"——他们既是科普对象，也是科普主体；既掌握着较新且稳固的科学知识，是科技创新的主体，具有传播科学知识的能力和责任；同时又是科学知识的吸收者和需求者——随着新知识的飞速增长，科学知识更新周期愈加缩短，科学观念、价值取向乃至精神信仰的升级速度愈加迅速，中青年人，尤其是中年人，也需要被科普，但很多人没有意识到这点。

从"做科普"角度看，中青年科普存在人才和制度缺口。年龄在40岁以下的中青年科普作家仅占整个队伍总数的20.6%，而当前针对中青年人投身科普工作的体制机制也缺少足够有效的激励[13]。

从"被科普"角度看，具有科普需求的群体年龄应当随着科技知识的更新换代速度加快，而向中青年区间的后端方向移动，这种"科普需求年龄后移趋势"可能同"科学发现最佳年龄峰值后移趋势"一样[49]，具有源头上的一致性：一个人的记忆力和理解力跟不上知识更新速度。然而，这只是本文所作的粗浅讨论，究竟科普需求年龄存在哪些峰值、峰值是否存在后移、移动是否存在客观规律等，都值得进一步做实证研究和理论探讨。

三、中青年群体科普作品的亲和力和感召力

如果说亲和力源自"家"，那么感召力就来于"国"，兼具亲和力与感召力的科普工作并非易事。这一深层原因是科学知识存量在接受者和传播者群体间的"势能差"。中青年群体大都具备一定的科学知识存量，关注不断变化的时事热点和突飞猛进的科技发展，同时也往往逐渐固化着个体的人格特质和思维模式。因此，中青年人接收科普作品的过程中，来自成见和自负的阻碍要多于知识"势能差"的阻碍，这可能是面向中青年人科普需要格外强调亲和力的原因之一——用亲人一样的语言讲科普，才听得进去。《学姐来了》在这方面做得很好，既选择中青年人关注的科普知识，又具备足够的亲和力。但中青年人在吸纳新知识时，是否会同时接受感召，即本文强调的感召力，这还需要做进一步的访谈和调研，单从本文的科普作品内容看，感召力用语规律不明显，感召力可能并不是创作该专栏的最优先考虑因素。

第六节　结　　语

中青年群体是社会的生力军。2021 年 3 月，习近平总书记对中青年干部提出对党忠诚，理论联系实际，把人民放在心中最高位置等要求[50]。在科普领域，中青年群体既能科普供给，也有科普需求，而且特征复杂，是值得深入研究的群体。本文仅是一次尝试性研究，尚存诸多不足之处，还恳请专家批评指正。

本研究在前人基础上，进一步总结了中青年科普存在的一些问题，借助质性数据分析方法，对 170 篇网络科普文本进行了亲和力和感召力编码，并通过词频、交叉等定性定量分析，对科学精神和科学家精神的传播情况作了粗浅的统计分析。研究结果概括如下。

（1）《学姐来了》栏目中的科普作品的主要特征是，围绕孩子、健康养生等科学话题，通过良好的衔接、幽默用语等方式，将理性逻辑和求真批判的科学精神与协同、育人等科学家精神内涵传播给中青年群体。

（2）样本内容的亲和力主要通过语言的衔接性和幽默来实现；样本中体现科学精神的内容多于体现科学家精神的内容，二者的出现具有正相关性。

（3）随着时间的变化，样本的亲和力波动幅度很小，而感召力的波动较大。

本研究建议：科普内容应适当增强"爱国""奉献"等体现新时代科学家精神的感召力；中青年群体科普的"二重性"和可能存在的科普需求年龄后移趋势值得进一步研究。

致谢：本研究是与郝东方合作完成的，在此谨表诚挚谢意。

参考文献

[1] 任福君. 我国科普 40 年 [J]. 科学通报，2019，64（9）：13-18.

[2] 新华社. 习近平：在科学家座谈会上的讲话［EB/OL］.（2020-09-11）［2021-02-28］. https：//baijiahao.baidu.com/s?id=1677549460006891757&wfr=spider&for=pc.

[3] 中国数字科技馆. 学姐来了［EB/OL］.（2017-08-16）［2021-03-03］. https：//www. cdstm.cn/gallery/wzl/.

[4] World Health Organization（WHO）. World report on ageing and health［R］. Geneva：WHO Press，2016：7.

[5] 陈鹏. 新媒体环境下的科学传播新格局研究［D］. 合肥：中国科学技术大学，2012.

[6] 贾鹤鹏. 国际科学传播最新理论发展及其启示［J］. 科普研究，2020（4）：5-15.

[7] LEWENSTEIN B V. The meaning of *Public Understanding of Science* in the United States after World War Ⅱ［J］. Public Understanding of Science，1992，1（1）：45-68.

[8] WYNNE B. Further disorientation in the hall of Mirrors［J］. Public Understanding of Science，2014，23（1）：60-70.

[9] BUCCHI M，TRENCH B. Science communication research：themes and challenges［M］// BUCCHI M，TRENCH B. Handbook of Public Communication of Science and Technology（Second Edition）. London and New York：Routledge，2014：1-14.

[10] WYNNE B. Public Engagement as Means of Restoring Trust in Science? Hitting the Notes，but Missing the Music［J］. Community Genetics，2006，10（5）：211-220.

[11] Nature Eeitorial. Murky Manoeuvres［J］. Nature，2012，491（7422）：7.

[12] JONES R A L. Reflecting on public engagement and science policy［J］. Public Understanding of Science，2014，23（1）：27-31.

[13] 苏睿先，师思思. 我国科普人才老龄化问题及对策研究［R］. 第十三届中国科协年会第21分会场——科普人才培养与发展研讨会，2011：1-4.

[14] 潘龙飞，周程. 基于新媒体的大型科普活动效果评估——以2015年全国科普日为例［J］. 科普研究，2016（6）：48-56+101-102.

[15] 段涛，陈宁. 青少年科普教育：概念，理论与路径［J］. 青年学报，2020（3）：66-70.

[16] 卢诗雨，金兼斌. 社会网络中科学信息消费机制初探——对TPB模型验证与修正的实证研究［J］. 新闻与传播研究，2014（10）：41-52，127.

[17] 齐培潇，郑念，王刚. 基于吸引子视角的科普活动效果评估：理论模型初探［J］. 科研管理，2016（4）：387-392.

[18] 王艳丽，钟琦，张卓，等. 科普短视频对知识传播的影响［J］. 科技传播，2020

（12）：20–25.

[19] 傅翘楚. 科学传播理论视野下的科学博客研究［D］. 合肥：中国科学技术大学，2011.

[20] 侯庆玮. 微博科学传播中的不确定性研究［D］. 北京：中共中央党校，2015.

[21] 汪忱. 社交网络中青年"丧文化"研究［D］. 郑州：郑州大学，2018.

[22] 谭舒予. 符号互动角度社交媒体中青年个体"隐身"现象成因研究［D］. 重庆：重庆工商大学，2020.

[23] 孙迪. 青年亚文化视角下的网络自制真人秀节目研究［D］. 南昌：江西财经大学，2020.

[24] 崔耀丽. 网络综艺节目中青年亚文化符号标出现象研究［D］. 南昌：南昌大学，2019.

[25] 单嘉钰. 短视频中青年亚文化传播研究［D］. 长沙：湖南大学，2019.

[26] 周心怡. 网络公共事件中青年网络有效决策参与研究［D］. 重庆：重庆大学，2017.

[27] 郭树彬. 科普是医生的使命［N］. 健康报，2016–08–08（2）.

[28] 孙瑜淼. 试论医生的科普使命［J］. 活力，2016，15：30.

[29] 孙绪英. 中青年农机工程技术人员应加强学术论文和科普作品写作［J］. 山东农机化，1995（11）：32.

[30] 李纲，巴志超，徐健. 知识吸收机制对知识增长绩效的影响研究［J］. 图书情报工作，2017（11）：5–12.

[31] 王晶莹，张跃，孟红艳，等. 中国公民科学素养调查纵向比较［J］. 科技导报，2013，31（33）：68–74.

[32] 李政，罗晖，李正风，等. 基于质性数据分析的中美创新政策比较研究——以"中国双创"与"创业美国"为例［J］. 中国软科学，2018（4）：18–30.

[33] 李政，周少丹，石磊，等. 基于质性数据分析的颠覆性创新人才评价维度——从日本ImPACT计划看项目管理人评选机制［J］. 科研管理，2018（39）：179–188.

[34] 李政，郝茜，罗晖，等. 基于质性数据的"一带一路"自贸协定研究［J］. 今日科苑，2019（3）：31–45.

[35] 梅姗姗，李政，张新庆. 228例网络媒体报道暴力伤医事件的质性数据分析［J］. 中国卫生事业管理，2019（6）：439–442.

[36] LASSWELL H. The structure and function of social communication［C］//LYMAN

BRYSON, et al. The Communication of Ideas. New York：The Institute for Religious and Social Studies, 1948.

［37］梁娟. 拉斯韦尔的 5W 模式解析——以《半边天》栏目为例［J］. 知识经济, 2011（3）：175.

［38］燕道成. 用拉斯韦尔的 5W 模式解读科技传播［J］. 湖南科技学院学报, 2009, 30（1）：226-229.

［39］潘启龙. 基于拉斯韦尔 5W 模式的一个科学传播评价框架［C］. 2008 北京·第二届扶阳论坛, 2008.

［40］MEHRABIAN A. Silent message［M］. Belmont, Wadsworth, California, 1971：105.

［41］赵莉. 新媒体科学传播亲和力的话语建构研究［D］. 合肥：中国科学技术大学, 2015.

［42］张思光, 刘玉强. 基于 3E 理论的我国科研机构科普成效评价指标体系研究［C］// 中国科普研究所, 广东省科学技术协会. 中国科普理论与实践探索——第二十四届全国科普理论研讨会暨第九届馆校结合科学教育论坛论文集. 北京：科学普及出版社, 2018：299-309.

［43］李响, 刘兵. 面向 2035 弘扬科学精神：提升科学家的人文教育［J］. 中国科技论坛, 2020（5）：3-5.

［44］潜伟. 科学文化、科学精神与科学家精神［J］. 科学学研究, 2019, 37（1）：1-2.

［45］中国科学院, 中国科学院学部主席团. 关于科学理念的宣言［J］. 中国科技期刊研究, 2007, 18（2）：202-203.

［46］胡祥明. 中国科学家精神时代内涵的凝练及塑造［J］. 科协论坛, 2018, 377（12）：10-13.

［47］怀进鹏. 高扬爱国奋斗主旋律 引领创新建功新时代［N］. 人民日报, 2018-08-10（12）.

［48］侯洋. 网络时代科学传播中的理性缺失现象研究［D］. 长沙：湖南师范大学, 2019.

［49］赵红州. 关于科学家社会年龄问题的研究［J］. 自然辩证法通讯, 1979（4）：29-44.

［50］新华社. 开学第一课, 总书记为中青年干部成长成才传授"秘诀"［EB/OL］.（2021-03-02）［2021-03-03］. http：//dangjian.21cn.com/redian/a/2021/0303/08/49363725.shtml.

第三篇

质性数据分析的注意事项

第十二章
质性数据分析方法的局限

第一节　信度和效度

信度和效度的定义在本书不作具体说明。目前，关于质性数据分析方法的研究在信度和效度上还有可提升空间，不论是传统的纯人工环境，还是计算机辅助环境，更不必说纯计算机环境，质性数据分析的信度和效度都不能保证，检验和评估方法也没有统一标准，只能具体问题具体分析。质性数据分析把语言、声音、图像等信息进行分组、统计、抽样，这避免了单纯的定性分析，定性就无法精准把握，信度就容易受影响，尤其在描述语言中的变异现象时，由于个别语义不具有代表性，而让定性分析变得不可靠。

然而，社会学研究者有很多还很赞成这种个案个办的方法论缺陷，甚至从归纳思维上认为，深入阐释个案和重点考察反例比大量列举案例进行检索、编码更重要。本书认为所谓的信度、效度及其标准，不过是"最大公约数"下的特殊情况，根本就不存在普遍标准，只能一案一论；当然，也存在相对稳定的普遍哲学范畴，但这对研究个案可能只是检验的必要条件，却不是分析的充分条件。至于更好的检验方法，还有待于进一步研究。

第二节　或然性和特殊性

质性数据分析方法的结论带有或然性，过程带有特殊性。

（1）它的结论带有或然性，这是社会学方法普遍遇到的情况，属系统误差。语义统计是基于经验的归纳分析，对超出经验的语料，归纳推理的结果并不确然；对经验内的内容，归纳推理的结果也同样无法确保必然性。虽然演绎法也可以衔接在质性数据分析里，但所有演绎都是建立在前提的基础之上，而大多数前提都是归纳得到的假设。总之，质性数据分析的逻辑基础是归纳法，由归纳法带来的或然性无法避免。

（2）它的过程带有特殊性，不适合信度、效度检验，这属于操作偏差。质性数据分析的内核是编码，编码需要具体问题具体分析，研究者的主观经验、逻辑判断和试错耐心起决定作用，所以信度不能像机器一样稳定，效度也因人而异。虽然可以借助计算机生成编码体系（概念界定方案），消减人的主观因素影响，但计算机总是基于某个算法进行检索，该算法就是人的意志，与人工筛选并无实质不同，更何况用计算机检索并不能总是得到符合需要的语义，总有些语义因同义不同形、同形不同义等原因而"逃脱或混淆"了字符匹配和数理逻辑。此外，编码体系也会因文件种类不同而大相径庭。例如，国家科技创新政策中的税收优惠类文件的和技术转移类文件，就不能用同一套编码体系去做分析。基本可以肯定，除了范畴层次的语义编码，不存在普适的编码体系。因此，计算机文本分析与人工内容分析需紧密结合，只有"内容—文本"构成循环往复的精进过程，阅读理解和语义统计才能不断深化与精准。

第三节　编码与语料库

目前的质性数据分析方法，不论是编码还是语料库构建，都离不开专家指导，主要以个案研究为主，还缺乏对编码和语料库较为系统的总结。许多编码方案和语料库都是研究人员内部掌握，并不利于相互沟通交流、学习借鉴。编码知识和语料知识都以隐性的形式存在，即便有问题，也不易及时发现。这是制约质性数据分析方法发展的一个因素。学术研究的关键在于质疑，如果知识只能以隐性形式存在，那么方法的发展也将受到限制。因此，要发展质性数据分析方法，还要在数据公开、编码共享、平台建设等方面做出实质性改进。

后　记

在当今纸媒式微、新信息技术迅猛发展、自媒体盛行的年代，沉下心来写本书，难；静下心来读本书，也难。作者、读者相视莞尔。

本书即将付梓，但作者却没有多高兴，因为就研究质性数据分析方法而言，还有很多工作需要去做。本书在理论深度、应用广度、方法精度等方面都还有发展空间，尚未登大雅之堂，例如质性数据分析方法的数理逻辑基础、公理化体系、历史发展、语料库建设、批量标注、半自动编码、大尺度跨领域交叉分析、概念计量溯源等，本书都没来得及谈深论透。因此，本书仅是辅助读者初窥质性数据分析方法之门径，抛砖引玉而已。

有时不得不感慨，有的现代人写东西，远不如 20 世纪 50 年代的前辈，有的缺少灵魂、空有花架子，有的避简就繁、浪费纸张，有的甚至哗众取宠、误人子弟。本书也可能难逃诟病，但好在还有在未来改进的机会。

站在人类迈向全面数据化、万物互联、基因工程全社会化和人机结合的时代关口，质性数据分析方法在理念和形式上的流变还将继续，而且还会更加精彩。在大数据分析、弱人工智能等技术与社会发展深度融合的今天，研究质性数据分析方法的理论体系，进而开展符合时代潮流和地域特色的应用案例研究，不仅具备学术新颖性，而且已经并还将在经济、政治、军事等领域产生重要实用价值。用好这一方法和工具，需要信心、经验和使命感——工具理性还是要依从价值理性。在未来，质性数据分析方法将何去何从，让我们拭目以待。

欢迎各位读者指正和学术研讨。